Prof. Willy Schneider
Prof. Alexander Hennig

Zur Kasse, Schnäppchen!

Warum wir immer mehr kaufen, als wir wollen

Hinweis
Die Ratschläge/Informationen in diesem Buch sind von Autoren und Verlag sorgfältig erwogen und geprüft, dennoch kann eine Garantie nicht übernommen werden. Eine Haftung der Autoren bzw. des Verlags und seiner Beauftragten für Personen-, Sach- und Vermögensschäden ist ausgeschlossen.

Bildnachweis
Cover: © Henrik Sorensen/GettyImages
Illustrationen: Tilman Leher/grafikatelier luk
Fotolia: 184, 187
Wögerer, W. H.: 107

Projektleitung: Sabine Gnan, Dr. Harald Kämmerer
Redaktion: Susanne Schneider, München
Bildredaktion: Christa Jaeger, München
Umschlaggestaltung: Reinhard Soll, München
Producing, Layout: Lore Wildpanner, München
Lithografie: JournalMedia GmbH, Poing
Druck und Verarbeitung: Plenk KG, Berchtesgaden

Printed in Germany

Mixed Sources
Product group from well-managed forests and other controlled sources
Produktgruppe aus vorbildlich bewirtschafteten Wäldern und anderen kontrollierten Herkünften
www.fsc.org   Cert no. IC-COC-100097
© 1996 Forest Stewardship Council

Verlagsgruppe Random House FSC-DEU-0100
Das FSC-zertifizierte Papier *Profimatt* für dieses Buch liefert Sappi, Ehingen

ISBN 978-3-517-08595-1
9817 2635 4453 6271

Inhalt

Willkommen im täglichen Einkaufsdschungel!

Eigentlich wusste Andrea S. genau, was sie einkaufen wollte. Also rasch einen Einkaufswagen geschnappt und hinein in den Supermarkt. Schnell in die Obst- und Gemüseabteilung: gezielter Griff zu Spargel und Kartoffeln, dazu noch die passende Sauce hollandaise. Schon nimmt sie die Fleischtheke ins Visier, um dort noch Kalbssteaks und rohen Schinken zu kaufen. Doch halt, da war doch was. Das dreidimensionale Foto der Piemont-Kirsche bringt sie aus dem Tritt. Stimmt: Der Krankenbesuch bei Opa steht morgen an, und dann ist ja auch noch Muttertag. Wie auf einem unsichtbaren Leitstrahl folgt sie den Regalfähnchen in die Süßwarenabteilung. Zwei Schachteln Mon Chéri und eine Tüte Gummibärchen später setzt sie ihren Einkauf fort. Sie hetzt jetzt nicht mehr, sondern sie schlendert gemütlich durch die Warengänge.

Andrea S. tut nun das, was die Supermarktbetreiber von ihr wollen. Sie hat längst ihren straffen Zeitplan vergessen. In ihrem Einkaufswagen liegt jetzt viel mehr, als sie ursprünglich geplant hatte. Sie hat sich in der Drogerieabteilung mit Kosmetik und Haarpflege eingedeckt. Jetzt holt sie sich noch eine Schale Erdbeeren und Eis fürs Dessert. Und das alles beschert den Supermarktbetreibern viel mehr Umsatz.

Auch Christoph H. wusste eigentlich ganz genau, was er einkaufen wollte. Er geht nach einem langen Arbeitstag noch mal schnell in den Supermarkt, um zwei, drei Sachen zu kaufen. Das geht auch ohne Einkaufswagen! Doch während er durch das Geschäft geht, kommen dann doch noch viele andere Sachen hinzu, und Christoph H. wundert sich, wie er die vielen verschiedenen Packungen zirkusreif mit zwei Händen jongliert. Es ist immer das Gleiche: Spätestens nach fünf Minuten hält Christoph H. nach einem leeren Karton Ausschau. Möglichst groß und möglichst stabil muss er sein, damit er noch mehr einkaufen kann.

Kennen Sie diese Geschichten auch aus Ihrem eigenen Leben? Ja klar, denn Andrea S. und Christoph H. stehen nur stellvertretend für viele von uns. Warum endet Einkaufen immer so? Und muss es wirklich so enden?

Einkaufen hat den Ruf, eine anspruchslose Aufgabe zu sein. Zu Unrecht! Denn in Wahrheit ist es wohl eine der kompliziertesten Verrichtungen unseres täglichen Lebens. Denn Handelsunternehmen verfügen über ein nahezu unerschöpfliches Kontingent an Marketinginstrumenten mit dem Ziel, uns Kunden möglichst viel Ware zu möglichst hohen Preisen zu verkaufen. In diesem täglichen Einkaufsdschungel müssen wir überleben.

Das Ganze beginnt mit der Werbe-Sturmflut, die täglich unseren Briefkasten überschwemmt. Haben uns die vermeintlichen Schnäppchenangebote in ihren Bann gezogen, geht es nach der Ankunft auf dem Kundenparkplatz weiter. Der Einkaufswagen ist nach den Gesetzen der optischen Täuschung gestaltet, sodass wir immer das Gefühl haben, wir hätten etwas vergessen.

Beim Betreten des Geschäfts werden wir wie ein Flugzeug auf der Landebahn abgebremst, damit wir mehr Zeit haben, die Waren zu begutachten. Haben wir die sich langsam öffnenden Eingangstüren, wie zufällig im Raum stehende Paletten und die auf dem Boden angebrachten monströsen Werbeaufkleber ohne größeren Schaden passiert, werden wir linksherum an der Ware vorbeigeführt. Denn Bewegungen gegen den Uhrzeigersinn empfinden wir als angenehm, und in einer solchen Stimmung geben wir mehr Geld aus.

Und jetzt geht es erst richtig zur Sache, indem die Supermarktbetreiber unsere fünf Sinne mit allem anregen, was ihnen an Reizen zur Verfügung steht: Leise Hintergrundmusik, angenehme Raumtemperatur, anregende Düfte, farbiges Licht, nackte Haut, grelle Preisschilder und Sonderangebote, wohin wir auch blicken. Und weil wir uns nicht bücken möchten, werden uns die gewinnträchtigsten Artikel unmittelbar vor unserer Nase griffbereit präsentiert.

Der Shopping-Trip endet erst an der Kasse, wo wir unsere Kinder unter Aufbringen aller Kraftreserven an der Quengelware vorbeischleusen müssen und durch Nutzung unserer Kundenkarte zum gläsernen Konsumenten werden. Beim Lesen unseres nächsten Kontoauszugs werden wir dann feststellen, dass wir wieder viel zu viel Geld ausgegeben haben, und das für Dinge, die wir eigentlich gar nicht kaufen wollten, geschweige denn benötigen.

Aber Einkaufen muss nicht immer so enden. Denn bei der Lektüre unseres Buches werden Sie feststellen: Nicht alle, aber die meisten Marketingtricks verlieren ihren Zauber, wenn man hinter die Fassaden der Supermarktbetreiber blickt und das Ganze mithilfe der Erkenntnisse aus der Shopping-Wissenschaft entschlüsselt. Denn selbstverständlich ist es nicht moralisch verwerflich, dass Handelsunternehmen uns mit allerlei Tricks dazu bewegen wollen, mehr einzukaufen. Solange die Unternehmen nicht mit ungesetzlichen Aktionen arbeiten, ist es in Ordnung, dass sie ihre Interessen wahren und das versuchen, was ihnen nützt. Wir Kunden tun das genauso. Und gerade deshalb haben wir das Recht, die Tricks zu durchschauen. Kommen Sie mit uns auf Einkaufstour und schauen Sie hinter die Kulissen der Handelsunternehmen.

Dabei wird Ihnen dieses Buch nicht den Spaß am Einkaufen nehmen – im Gegenteil! Wenn Sie die Tricks der Handelsunternehmen und Ihr eigenes Verhalten besser kennen und deshalb bewusster einkaufen können, werden Sie viel häufiger mit großer Freude das einkaufen, was Sie wirklich haben möchten.

Einen Hinweis haben wir noch: Wir sprechen in diesem Buch oft vom »Supermarkt«. Dabei meinen wir den umgangssprachlichen Überbegriff, der einen Supermarkt mit einem Geschäft gleichsetzt, indem vor allem Lebensmittel und nebenher vielleicht auch noch weitere Non-Food-Artikel verkauft werden. »Supermarkt« umfasst also jede Form von Lebensmitteleinzelhandel: Den kleinen Laden um die Ecke genauso wie die Discounter-Filiale oder den großen Verbrauchermarkt »auf der grünen Wiese«. Die Größe des Geschäfts spielt dabei keine Rolle. Im wissenschaftlichen Sinne bedeutet »Supermarkt« etwas anderes: Da versteht man unter einem Supermarkt ein Lebensmittelgeschäft mit einer Größe von 400 bis 1.500 m^2. Diese und andere Ladenformen können Sie der Übersicht in der vorderen Umschlagklappe entnehmen.

Übrigens haben wir zahlreiche Fachbegriffe am Ende des Buchs in einem Glossar nochmals erläutert und Sie erhalten dort noch Zusatzinformationen.

Viel Vergnügen bei unserer gemeinsamen Einkaufstour wünschen Ihnen

Willy Schneider und Alexander Hennig

Ein Blick in die (gar nicht allzu ferne) Zukunft

Wir schreiben das Jahr 2017. Morgens fällt Ihnen beim Blick auf den Kühlschrank auf, dass Sie dringend einkaufen müssen. Sie haben richtig gelesen: *In* (!) den Kühlschrank müssen Sie nicht mehr schauen, es reicht der Blick *auf* (!) den Kühlschrank. Denn der Kühlschrank der Zukunft kann weit mehr als nur Lebensmittel frisch halten.

Der intelligente Kühlschrank zeigt an, welche Produkte im Kühlschrank drinstehen und wie lange diese Produkte noch haltbar sind. Erkennen kann der Kühlschrank das, weil alle Produkte mit kleinen Chips ausgestattet sind, die alle relevanten Informationen an den Kühlschrank senden. Der Kühlschrank kann aber nicht nur Einkaufsempfehlungen geben, indem er automatisch das bisherige Konsumverhalten analysiert. Er hat über das Internet auch Zugriff auf die Artikelliste und die Sonderangebote des Supermarkts um die Ecke. Sie sehen die Angebote auf dem Touchscreen des Kühlschranks und können mit wenigen Fingerzeigen ihre Einkaufsliste eingeben. Nun schnell noch auf Speichern drücken, damit die Einkaufsliste in Ihrem persönlichen Internetkonto gespeichert wird.

Nach einem langen Arbeitstag haben Sie endlich Zeit, einkaufen zu gehen. Wenn Sie draußen am Schaufenster vorbeilaufen, erkennen Sensoren, welche Produkte Sie besonders fixieren, sodass diese speziell angeleuchtet werden können. Projektoren werfen zusätzliche Bilder und Informationen zum Produkt von innen auf die Scheibe. Über einen Touchscreen können Sie weitere Informationen anfordern, sich durch das Warensortiment klicken oder sogar eine Vorbestellung aufgeben.

Das Schaufenster der Zukunft wird mit Ihnen reden. Schauen Sie beispielsweise länger als 10 Sekunden auf eine ausgestellte Kaffeemaschine, erklärt eine Stimme die Vorzüge des Produkts. Im Schaufenster aufgestellte Bildschirme vermitteln Zusatzdaten zur Kaffeemaschine und zeigen deren Nutzung in bewegten Bildern.

Ermöglicht wird das Ganze durch eine neue Technologie. Via Kamera und mittels einer Spezialsoftware lässt sich erfassen, wie lange ein Passant ein bestimmtes Produkt betrachtet. Nach einer festgelegten Zeitspanne werden dann die Ton- und Bilddokumente eingespielt. Und schon sind Sie auf dem Weg ins Geschäft.

Sie betreten den Supermarkt, ziehen Ihr Mobilfunktelefon aus der Tasche und befestigen es an Ihrem Einkaufswagen. Im Supermarkt wird Ihr Handy über das mobile Internet nun zu Ihrem persönlichen Einkaufsbegleiter. Als Scout informiert es Sie bei Ihrem Weg zwischen den Regalen über das Sortiment, über einzelne Artikel und über Preisaktionen. Der Einkaufswagen erkennt Sie anhand des Mobilfunktelefons, greift nun automatisch auf das Benutzerprofil im Internet zu und zeigt die Einkaufsliste an, die Sie morgens am Kühlschrank eingegeben haben. Er kennt automatisch den Weg zu all den Artikeln, die auf der Einkaufsliste stehen. Er enthält Technologien, die den Kunden direkt zum Regal lotsen. Der Einkaufwagen benutzt dazu ein Navigationssystem, sodass Sie auf dem Display des Einkaufswagens sehen, wo Sie sich im Markt befinden und wie Sie zum nächsten Artikel gelangen.

Die ersten Artikel sind rasch eingekauft; der Einkaufswagen lotst Sie schnell durch die Gänge. Wenn Sie vor dem Müsliregal stehen und eine Packung in den Einkaufswagen legen, erscheinen auf dem Bildschirm des Einkaufswagens die Inhaltsstoffe. Außerdem bekommen Sie angezeigt, wer der Hersteller ist, wann diese Schachtel Müsli wo produziert wurde, wie lange das Müsli haltbar und wie die Nährwerttabelle aussieht: Das alles weiß der RFID-Chip auf der Müslipackung und sendet es an den Einkaufswagen. Nachdem Sie auf dem Touchscreen des Einkaufswagens auf das

Feld »Produktvergleich« gedrückt haben, nehmen Sie eine andere Sorte Müsli aus dem Regal. Der Touchscreen zeigt Ihnen in einer Tabelle im Vergleich die wichtigsten Fakten zu den beiden Müslisorten an. Dann entscheiden Sie sich.

Aber der Einkaufswagen greift nicht nur Ihre Einkaufsliste auf: Das System kennt Sie und weiß, welche Artikel Sie bei Ihren letzten Einkäufen erworben haben. Beim Weg durch den Supermarkt macht Ihr persönlicher Einkaufsbegleiter Sie auf solche Artikel aufmerksam, sagt, welche Waren heute günstig sind, und stellt Ihnen Aktionen vor. Außerdem zeigt er Ihnen auf Anfrage, wo Sie bestimmte Waren finden. Sie scannen mit dem Handy die Artikel ein, die Sie kaufen möchten, und legen diese in Ihren Einkaufswagen. Ihr zum persönlichen Einkaufsassistenten mutiertes Telefon listet Ihnen alle Einkäufe mit Wert und Menge auf, damit Sie immer den Überblick über Ihren Einkaufswagen behalten.

Sie halten an einem Kiosk-Terminal an. Dort können Sie sich Wege anzeigen lassen, über Sonderangebote informieren, ausführliche Produktinformationen über sämtliche Artikel des Sortiments abfragen und in Ihr Kundenkonto schauen, wenn Sie sich vorher per Kundenkarte ausgewiesen haben. Sie könnten dieselben Informationen auch über Ihren persönlichen Einkaufsassistenten abrufen. Aber hier können Sie die Informationen aufgrund des größeren Bildschirms besser ablesen. Neben Ihnen steht ein Mitarbeiter und nutzt ebenfalls das Kiosk-Terminal, um aktuelle Informationen über Aktionstermine, Liefersituationen und andere Interna abzurufen. Auch für Schulungszwecke setzt man das Kiosksystem ein. Der inkompetente Mitarbeiter hat damit ausgedient.

Sie entscheiden sich für ein mehrgängiges italienisches Menü. Denn das Kiosk-Terminal hat Sie darüber informiert, dass Sie hierbei aufgrund der heutigen Sonderangebote besonders günstig wegkommen. Die Zubereitungstipps gibt es gratis dazu.

In der Obst- und Gemüseabteilung legen Sie Tomaten, Zitronen und Ananas auf eine intelligente Waage. Intelligent, weil die Waage mittels einer Digitalkamera erkennt, was Sie auf die Wiegeplatte legen, und direkt anzeigt, was es kostet. Vorbei sind die Zeiten, als Sie die entsprechenden Warennummern eintippen mussten.

Plötzlich kommt ein Roboter auf Sie zu und fragt:»Interessieren Sie sich für unsere Sport- und Freizeitabteilung?« Das üppige Menü vor Augen und angesichts Ihres Gürtels, der heute Morgen um ein weiteres Loch erweitert werden musste, antworten Sie mit»Ja«. Sie folgen dem Roboter, und er führt Sie auf eine Freifläche. Dort stehen Hantelbänke, Stepper und Fahrradergometer zum Ausprobieren. Schnell kommen Sie zu der Erkenntnis, dass eine gemächlichere Gangart für Sie die Bessere ist. Sie wechseln in die angrenzende Fahrradabteilung und werden langsamer und entspannter. Zufall? Nein, denn beim Eintritt hören Sie plötzlich keine Hintergrundmusik mehr, sondern nehmen Vogelgezwitscher wahr. Offensichtlich haben Soundingenieure einen spezifischen Wald-Duft entwickelt. Und um den Angriff auf Ihre Sinne zu vervollständigen, riecht es nach Nadelbäumen, Harz und Feuchtigkeit. Die Duftingenieure haben einen guten Job geleistet, denn ihr Duft-Mix Black Forrest erinnert tatsächlich an Ihren letzten Ausflug in den Nadelwald.

Sie gehen weiter, legen Pasta in Ihren Einkaufswagen und kommen nun in die Fleischabteilung, weil Ihnen für Ihre Spaghetti bolognese noch das Hackfleisch fehlt. Ausverkaufte Ware – der Experte spricht hier von Regallücken – und Produkte, deren Mindesthaltbarkeitsdatum abgelaufen ist, gehören der Vergangenheit an. RFID macht's möglich. Der Chip speichert Informationen über das Verfallsdatum und meldet einem zentralen Computer, wenn sich ein abgelaufenes Produkt in der Kühltruhe befindet. Weiterhin erhalten die Metzger in der Fleischerei Informationen über den Warenbestand. So können sie schnell verkaufte Ware nachfüllen und die Produktion weniger nachgefragter Waren reduzieren.

Die Displays werden über eine drahtlose Datenübertragung vernetzt, wodurch eine zentrale Verwaltung von Verkaufsförderungsaktionen ermöglicht wird. Beispielsweise können auf Knopfdruck Aktionsvideos an allen Standorten gleichzeitig gestartet werden. Man kann darüber auch Sonderangebote und Preise prominent herausstellen, vor allen Dingen aber die Inhalte jederzeit ändern und anpassen. Mit ihrer brillanten Bildqualität werden die Advertising Displays zur Produktinformation und zur Unterstützung von Aktionen eingesetzt.

Weiter geht's auf Ihrem Giro d'Italia durch den Supermarkt. Sie kommen in die Frischfischabteilung, um dort mit dem Seeteufel den Höhepunkt Ihres italienischen Menüs zu erwerben. Doch hier steigen Ihnen statt penetrantem Fischgeruch Kräuter- und Limonendüfte in die Nase. Offensichtlich ein Sensorikexperiment, um Sie mit allen Sinnen anzusprechen.

In der Nähe der Weinabteilung erscheint auf einem Advertising Display ein Informationsspot über Rotweine. Was auf den ersten Blick als Zufall erscheint, ist genau kalkuliert. Denn wer wie Sie Spaghetti bolognese kochen möchte und die entsprechenden Produkte bereits im Einkaufswagen hat, wird sich häufig auch eine Flasche Rotwein gönnen. Abgesichert werden solche Vermutungen durch Cross-Selling-Analysen. Sämtliche Einkäufe werden dahingehend ausgewertet, welche Produkte zusammen erworben werden.

Der Informationsspot, der durch die RFID-Chips auf der Pasta-Packung in Ihrem Einkaufswagen ausgelöst wurde, hat Ihr Interesse geweckt, und Sie gehen näher an den Flachbildschirm heran. Den Ton hören Sie nur, wenn Sie direkt unter der ca. 1 qm großen Sounddusche, einer Art Deckenplatte, stehen. Auf diese Weise werden andere Kunden nicht beim Einkauf gestört. Die gleichen Soundduschen gibt es auch beim Probehören in der CD-Abteilung, wo Sie später noch eine CD mit italienischen Popsongs erwerben werden.

Weil Sie noch unsicher sind, welchen der umworbenen Weine Sie kaufen möchten, entnehmen Sie dem neben ihrer Sounddusche stehenden Klimaschrank diverse Gratisproben von Rot- und Weißweinen. Während Sie sich einen französischen Grand Cru auf der Zunge zergehen lassen, ertönt eine charmante Frauenstimme, die mit französischem Akzent die Vorzüge des Weines anpreist. Der Chianti mundet Ihnen am besten, und Sie drücken auf einen entsprechenden Knopf am Klimaschrank. Ein Laserstrahl am Fußboden leitet Sie nun zu dem Regalplatz, an dem Ihr ausgewählter Wein gelagert ist.

Kaum haben Sie den Wein in Ihren Einkaufswagen gelegt, fährt ein blinkender Roboter auf Sie zu und fragt:»Interessieren Sie sich für unsere Kosmetikabteilung?« Sie haben Interesse, und Robby führt Sie zu den Beauty-Produkten. Dort unterziehen Sie sich einem kostenlosen Hauttest. Sie nehmen einen Teststreifen, streichen diesen über Ihre Gesichtshaut und führen ihn dann in das Lesegerät des Computers ein. Der Computer informiert Sie, welchen Hauttyp Sie haben und welche Cremes aus dem Sortiment für Sie geeignet sind.

An der Kasse – leider werden Sie auch im Supermarkt der Zukunft bezahlen müssen – erinnert Sie nichts mehr an die alten Kassen mit Scanner und Kassenband, die es früher einmal gab. Sie schieben einfach nur Ihren Einkaufswagen durch zwei Säulen, in denen Empfänger für RFID-Chips versteckt sind. Der Kassencomputer scannt beim Schieben des Wagens durch die Säulen alle Artikel im Einkaufswagen. Auch die Tafel Schokolade, die Sie versehentlich in die Jackentasche gesteckt haben, wird erfasst. Gleichzeitig überträgt der Shopping-Computer in Ihrem Handy zum Vergleich die Einkaufsdaten an die Kasse. Auf einem Touchscreen erscheint Ihre Rechnungssumme, die Sie durch Eingabe einer PIN auf Ihrem Handy oder per Fingerabdruck bezahlen. Für Nostalgiker, die gerne mit Bargeld bezahlen, gibt es eine spezielle Kasse am Ende, an der ein Automat das Münz- und Notengeld entgegennimmt. Erschöpft schieben Sie den Einkaufswagen aus dem Supermarkt.

So, jetzt haben Sie einen Blick in die Zukunft riskiert. Ganz so weit ist es aber doch noch nicht und Sie haben heute noch eine ganze Reihe von Möglichkeiten, Ihr Einkaufsverhalten selbst zu steuern.

Goldene Einkaufsregeln

Um Ihnen das gute Gefühl zu geben, dass Sie als Kunde der König sind,

der sagt, wo es langgeht, lesen Sie auf den folgenden Seiten unsere

22 ultimativen Einkaufstipps, die wir Ihnen vorab geben. Wenn Sie dann

noch im Anschluss lesen, was hinter diesen Goldenen Regeln steht,

werden Sie sehen, dass Sie sehr viel dazu beitragen können, weniger

auszugeben, bessere Qualität zu kaufen und überhaupt weniger Un-

nötiges anzuschaffen. Und wenn Sie doch einem attraktiven Impuls-

kauf erliegen (und das wird passieren …), dann wissen Sie wenigstens,

warum, und freuen sich hoffentlich über den Lustgewinn.

22 ultimative Tipps für cleveres Einkaufen

Hier finden Sie 22 ultimative Einkaufstipps. Befolgen Sie diese und Sie werden garantiert Geld und Nerven sparen und Ihre Einkaufsmacht stärken.

Planen Sie Ihre Ausgaben und vermeiden Sie Impulskäufe! Erstellen Sie hierzu eine Einkaufsliste! Das ist nicht nur etwas für Vergessliche, sondern hilft Ihnen, nur das zu kaufen, was Sie wirklich benötigen. Mittels PC lässt sich heutzutage ohne viel Mühe eine wiederverwendbare Einkaufsliste anfertigen. Ein weiterer Vorteil: Sie können auch mal jemand anderen einkaufen schicken.

Gehen Sie niemals hungrig in den Supermarkt! Mit knurrendem Magen kaufen wir meistens mehr ein, als wenn wir satt einkaufen gehen. Und wir greifen verstärkt zu fetthaltigen Snacks und Süßigkeiten.

Kaufen Sie alleine ein! Begleiter helfen Ihnen nur dabei, Ihren Einkaufswagen zu füllen. Wenn Sie mit Ihrem Partner einkaufen gehen, können Konflikte vorprogrammiert sein. Also: Vielleicht nach Geschlechtern getrennt shoppen.

Kein Handelsunternehmen ist bei allen Produkten das günstigste! Denn Supermärkte betreiben eine Mischkalkulation. Bestimmte Produkte werden preisgünstig angeboten, um uns in den Supermarkt zu locken. Andere Artikel, die nicht im Mittelpunkt unserer

Wahrnehmung stehen, müssen dies mit höheren Preisen ausgleichen. Da wir aber nicht nur die Sonderangebote, sondern einen ganzen Warenkorb erwerben, läuft das Ganze auf ein Nullsummenspiel heraus: Der Einkaufsbetrag bleibt der gleiche wie immer.

Achten Sie auf die Grundpreise! Denn größer ist nicht unbedingt billiger. Und auch bei kleinen Packungen geben Sie häufig zu viel Geld aus. Und schütteln Sie die Produkte, um Mogelpackungen zu entlarven!

Vertrauen Sie nicht blindlings auf Sonderangebote! Denn hier setzt gemeinhin unser Hirn aus. Und Supermärkte nutzen diesen Reflex systematisch aus. Fragen Sie sich immer, ob das Produkt wirklich billig ist. Werden Sie besonders hellhörig, wenn als Vergleich die unverbindliche Preisempfehlung gegenübergestellt wird. Denn kein Unternehmen hat auf Dauer etwas zu verschenken. Und selbst wenn das Produkt wirklich günstig sein sollte: Brauchen Sie es wirklich?

Qualität hat keinen Preis! Und was wenig kostet, kann durchaus etwas wert sein! Mit anderen Worten: Sie können von einem hohen Preis nicht auf eine hohe Qualität des Produkts schließen. Häufig sind die preiswerteren Produkte sogar die besseren.

Werden Sie zum Einkaufssprinter mit einem klaren Einkaufsziel vor Augen! Denn wer durch den Supermarkt eilt, kauft weniger. Nicht ohne Grund bremst uns die Obst- und Gemüsetheke am Eingang erst einmal von Straßen- auf Einkaufgeschwindigkeit ab. Langsame Musik und relativ schmale Gänge bewirken, dass wir langsamer gehen. Und nicht zuletzt sollen Stopp-Regale und eigens aufgebaute Hindernisse, wie Aufsteller, kleine Theken und Paletten, uns den Schwung nehmen.

Strengen Sie sich im Supermarkt körperlich an und gehen Sie immer wieder in die Knie! Denn teure Produkte sind immer auf Augenhöhe platziert, preisgünstige dagegen oft nur in den unteren Regalfächern.

Misstrauen Sie Kombiplatzierungen, bekämpfen Sie Ihre Bequemlichkeit und nehmen Sie bewusst längere Wege in Kauf! Immer wenn unmittelbar neben der Pasta Dosentomaten und Parmesan stehen, wenn neben der Käsetheke Wein feilgeboten wird, sollten Ihre Alarmglocken schrillen. Denn Anbieter nutzen mit Kombiplatzierungen systematisch Ihre Bequemlichkeit aus: Diese Produkte sind im Regelfall teurer als die Dosentomaten aus der Konservenabteilung oder der Wein aus dem eigentlichen Weinregal.

Nutzen Sie wann und wo immer möglich einen Tragekorb anstelle eines Einkaufswagens! Denn riesige Einkaufswagen versetzen uns nicht selten in einen Kaufrausch. Außerdem steigt unsere Kaufzurückhaltung mit zunehmendem Gewicht des Einkaufskorbs.

Lesen Sie Regale von rechts nach links! Denn wenn wir etwas suchen, lesen wir die Regale wie einen Text. Die teuren Produkte stehen also da, wo unser Blick am Schluss verweilt: rechts.

Kaufen Sie, wo immer möglich, Handelsmarken! Denn zu den meist teuren Markenartikeln, die auf Prestige sowie demonstrativen Konsum abzielen und viel Geld für Marketing-Zwecke ausgeben, gibt es nahezu immer eine günstigere Alternative in Form einer Handelsmarke. Und die kommt häufig vom gleichen Produzenten wie der teure Markenartikel. Besonders Discounter setzen auf diese Waffe.

Achten Sie auf Gütezeichen wie Stiftung Warentest oder Ökotest! Schauen Sie aber genau hin, was genau getestet wurde: das ganze Produkt oder nur die Umweltfreundlichkeit der Verpackung oder der Nabendynamo an einem Fahrrad? Und wann wurde der Test durchgeführt? Je weiter die Untersuchung zurückliegt, desto höher ist die Wahrscheinlichkeit, dass in der Zwischenzeit bessere Produkte entwickelt und im Markt eingeführt wurden.

Entziehen Sie sich dem Einkaufsdruck! Erwerben Sie Produkte, bevor diese bei Ihnen zu Hause zur Neige gehen. Kaufen Sie bei Räumungs- und Schlussverkäufen, anstatt den regulären Preis zu bezahlen, wenn Sie die Ware unbedingt benötigen. Und kein Schnäppchen ist einmalig. Spätestens vier Wochen später bietet sich garantiert eine vergleichbare Einkaufsmöglichkeit bei der Konkurrenz.

Bevorzugen Sie Obst und Gemüse in der entsprechenden Saison! Wer auf Spargel im Herbst und Erdbeeren im Winter nicht verzichten kann, zahlt im Regelfall kräftig drauf.

Kaufen Sie gegen den Trend und bevorraten Sie sich, wenn die Preise niedrig sind! Kaufen Sie Ihre Geschenke über das ganze Jahr hinweg und legen Sie sich zu Hause ein kleines Depot an. Champagner und Sekt beispielsweise kosten nach Silvester deutlich weniger als vor der Jahreswende.

Bleiben Sie in der Quengelzone konsequent! Die Schleckereien an der Kasse sind das größte Spannungsfeld beim Einkauf mit Kindern. Nur wenn Sie hier standhaft bleiben und den Einkauf von Quengelware zum unumstößlichen Tabu erklären, kann sich Ihr Kind oder Enkelkind auf diese Regel einstellen.

Vermeiden Sie Warteschlangen! Um lange Warteschlangen zu umgehen, sollten Sie keinesfalls nach der Arbeit, am Monatsanfang (denn dann war Zahltag und die Verbraucher haben viel Geld zum Ausgeben) und unmittelbar vor Feiertagen einkaufen!

Entziehen Sie sich dem Röntgenblick der Anbieter! Seien Sie sich darüber im Klaren, dass Sie bei jeder Nutzung einer Kunden- oder Bonuskarte wichtige Informationen über sich und Ihr Konsumverhalten preisgeben. Und sind die (häufig geringen) Prämien und Preisnachlässe das wirklich wert?

Lassen Sie EC- sowie Kreditkarte stecken! Zahlen Sie lieber bar! Denn Bargeld ausgeben tut uns richtig weh. Und das schärft unser Bewusstsein für die ausgegebenen Geldbeträge. Sämtliche einschlägige Untersuchungen belegen, dass wir mit Karte mehr Geld ausgeben als bei Bargeldzahlung.

Wehren Sie sich gegen unerwünschte Werbung! Wenn Sie von verstopften Briefkästen die Nase voll haben, bringen Sie einen Aufkleber »Bitte keine Werbung« an. Und unerwünschte Werbung per Post, Fax, Telefon, SMS oder E-Mail werden Sie für immer los, wenn Sie sich in die sogenannte Robinsonliste aufnehmen lassen.

Der Einkaufsknopf in unserem Kopf

Machen wir uns nichts vor: Einkaufen ist eine Wissenschaft. Außer Sie nehmen es leicht und Geld ist Ihnen egal. Da das aber ziemlich unwahrscheinlich ist, sollten Sie mal einen genaueren Blick auf grundlegende Mechanismen bei Kaufentscheidungen werfen. Hier gilt, wie fast immer im Leben: Wissen ist Macht – und spart bares Geld.

Zunächst ein Geständnis

Zunächst müssen wir, die Autoren, ein umfassendes Geständnis ablegen. Obwohl wir uns als Professoren bereits seit Jahren mit dem Kaufverhalten der Kunden beschäftigen, gehen auch wir den Unternehmen immer wieder auf den Leim.

Wir kommen mit einem 2-kg-Glas Oliven nach Hause, weil dieses im Verhältnis deutlich preisgünstiger als das entsprechende 200-g-Glas ist. Dabei haben wir bei all unseren ökonomischen Überlegungen aber ganz vergessen, dass das geöffnete Glas innerhalb einer Woche verbraucht werden sollte. Und das ist bei einer vierköpfigen Familie, bei denen zwei Haushaltsmitglieder noch eine regelrechte Abneigung gegen diese mediterrane Spezialität hegen, schier unmöglich.

Unser Schrank quillt über vor noch verpackten Anzugshemden, weil wir bei jeder Aktion im Handel davon überzeugt sind, an so einem einmaligen Angebot nicht vorübergehen zu können, ohne zuzugreifen. Wenn wir aber genau nachdenken, stellen wir fest, dass sich solche Aktionen alle drei Monate wiederholen.

Beim letzten Aufenthalt unserer besseren Hälfte bei ihren Eltern hatten wir als Strohwitwer kein Problem damit, das Haushaltsgeld, das normalerweise für einen Monat reichen sollte, bereits nach einer Woche vollständig aufgebraucht zu haben. Denn wir hatten ja Wichtigeres zu tun, als unsere Einkäufe mittels Liste zu planen und die Angebote im Supermarkt miteinander zu vergleichen.

Und unsere Frauen erklären bereits seit geraumer Zeit 1-€-Läden zur verbotenen Zone, weil wir nach frühestens einer halben Stunde mit mindestens einem halben Dutzend unnützer Dinge wieder herauskommen würden. Die Liste unserer »Shopping-Erfolge« ließe sich mühelos um noch zahlreiche weitere Beispiele verlängern. Zwar muss ein Kritiker kein guter Schauspieler sein, aber trotzdem tun auch uns diese Niederlagen im täglichen Einkaufsdschungel irgendwie weh. Und vielleicht ist das der eigentliche Grund, warum wir das vorliegende Buch geschrieben haben.

Warum kaufen wir eigentlich mehr, als wir planen?

Um die Frage zu beantworten, warum wir immer mehr einkaufen, als wir wollen, müssen wir zunächst einmal schauen, wie wir denn eigentlich unsere Kaufentscheidungen treffen. Die Marketingexperten unterscheiden vier unterschiedliche Typen von Kaufentscheidungen, die wir in unterschiedlichen Kaufsituationen einsetzen.

Kennen Sie Kaufentscheidungen, mit denen Sie sich richtig schwertun? Sie vergleichen viele Informationen, wälzen Broschüren und suchen sich Informationen im Internet? Das nennen die Experten **extensive Kaufentscheidungen**, und wir treffen sie, wenn es sich um eine wichtige, eine langfristige oder eine teure Kaufentscheidung handelt. Das ist bei Versicherungen der Fall, beim Autokauf oder auch bei der Anschaffung eines Einfamilienhauses.

Von einer **limitierten Kaufentscheidung** spricht der Experte, wenn wir uns zwar ein wenig über die Produktalternativen informieren, aber gleichzeitig auch schon bestimmte Erfahrungen einfließen lassen, welche die Entscheidung einfacher machen. Männer kaufen zum Beispiel häufig Kleidung genau so ein: Sie wissen, dass ihnen eine bestimmte Größe einer bestimmten Anzugmarke passt. Also gehen sie ins Bekleidungsgeschäft und suchen sich aus den drei Varianten der Anzugmarke die schönste heraus. Damit machen sich die Männer die Entscheidung leichter und verzichten darauf, auch noch die 15 anderen Anzugmarken anzuschauen oder (noch schlimmer für Männer) anzuprobieren.

Eine dritte Form sind die **habitualisierten Kaufentscheidungen**. Habitus heißt Gewohnheit, und habitualisiert kaufen wir Produkte, die wir immer wieder kaufen. Wir haben uns daran gewöhnt, sie zu erwerben. Wer immer Nutella nimmt und gar nicht auf die Idee kommt, mal etwas anderes auszuprobieren, der hat eine habitualisierte Kaufentscheidung getroffen. Es gibt übrigens Marketing-Wissenschaftler, welche gar nicht von einer Kaufentscheidung sprechen wollen, weil wir uns gerade nicht bewusst für ein Produkt entschieden haben.

Impulsive Kaufentscheidungen sind nicht geplant, nicht überlegt und deswegen sehr gefährlich für unser Portemonnaie. Wir sehen ein Produkt und kaufen es. Wir vergleichen nicht mehr lange, sondern nehmen uns einfach das Produkt.

Die gefährlichen Kaufentscheidungen, habitualisierte und impulsive Kaufentscheidungen, spielen eine besonders große Rolle. Entweder laufen sie automatisch ab, während wir durch den Supermarkt gehen, oder aber wir greifen impulsiv zu.

Bei einer Untersuchung wurde gefragt, ob Kunden denn auch mal etwas spontan einkaufen. Ja sagten bei Käufen von Kleidung 45 %, Blumen 38 %, Schuhen 30 %, Büchern 28 %, Spirituosen 17 %, Autozubehör 15 % und Spielzeug 10 %. Eine Studie einer amerikanischen Hochschule kommt zu der Erkenntnis, dass 60 % der Produkte, die sich bei Verlassen des Supermarkts im Einkaufswagen fanden, nicht geplante Käufe waren. Die Quote ist noch höher, wenn man beachtet, dass viele Kunden nur eine Produktart (Schokolade, Wurst, Käse) auf ihren Einkaufszettel schreiben und sich dann vor Ort im Supermarkt vor dem Regal für ein bestimmtes Produkt entscheiden.

Die Tatsache, dass die Kaufentscheidungen immer öfter nicht mehr zu Hause, sondern vor dem Regal getroffen werden, führt zu einer neuen Art der Marktforschung: Mit der sogenannten »Shopper Research Box« wird der Kunde mit einer kleinen Kamera vor dem Regal beobachtet, indem in laufender Folge viele Fotos gemacht werden.

Der renommierte Shopping-Forscher Paco Underhill bringt die Situation der Unternehmen auf den Punkt: »Wenn wir nur dann in Geschäfte gingen, wenn wir tatsächlich etwas einkaufen müssen, und wenn wir dann nur das kaufen würden, was wir tatsächlich brauchen, würde die Wirtschaft zusammenbrechen.«

Offensichtlich kennen Unternehmen den Buying-Button, den Einkaufsknopf, auf den sie bei uns drücken müssen, damit wir einkaufen. Gehen wir also zunächst der Frage nach, wie es überhaupt dazu kommen kann, dass wir uns von bestimmten Marketing-Mitteln und -Methoden so stark beeinflussen lassen. Untersuchungen des Neuromarketing-Pioniers Hans-Georg Häusel, der mithilfe von Kernspintomografen in das Gehirn von Konsumenten schaut, zeigen: Lediglich ein Drittel unserer Einkäufe ist fest geplant. In diesen Fällen wissen wir vor dem Kauf, welchen Artikel und welche Marke wir erwerben möchten. Die verbleibenden zwei Drittel finden spontan statt.

Bei der Hälfte dieser Spontankäufe wissen wir zwar, dass wir ein Produkt aus einer bestimmten Kategorie, also z. B. ein Waschmittel, kaufen möchten. Wir haben aber noch nicht festgelegt, welche Marke es konkret sein soll. Hierzu entscheiden wir uns erst vor dem Regal. Die restlichen 50 % sind echte Spontankäufe. Im Nachhinein wundern wir uns dann, warum dieser Artikel in unserem Einkaufswagen gelandet ist. Demnach fallen die meisten unserer Kaufentscheidungen mehr oder weniger unbewusst. Hirnforscher gehen davon aus, dass gerade einmal 0,004 % aller Informationen aus der Umwelt bis in unser Bewusstsein vordringen.

Nur ein Drittel unserer Einkäufe ist fest geplant. Der Rest läuft mehr oder weniger spontan ab.

Die Schaltzentrale in unserem Hirn

Offenkundig wird die überwältigende Mehrheit von Reizen und Kaufsignalen von unserem Gehirn direkt ins Verhalten umgesetzt, ohne dass wir es in unserem Bewusstsein registrieren. Hierbei handelt es sich um Mechanismen, die weitgehend automatisch ablaufen, weshalb wir im Folgenden von unserem Autopiloten sprechen.[1]

Wir Menschen werden vor allem durch das limbische System im Gehirn gesteuert. Entwicklungsgeschichtlich ist es viel älter als das Kleinhirn, das uns von den Tieren unterscheidet. Dazu passt, dass wir zu 98,5 % die gleichen Gene haben wie Schimpansen. Einkaufen ist deshalb immer noch das Gleiche wie das Jagen und das Sammeln. Der Mensch wird wesentlich durch sein Unterbewusstsein gesteuert.

Und clevere Unternehmen wissen, wie unser Autopilot funktioniert, sodass sie nur auf die entsprechenden Startknöpfe drücken müssen, damit wir etwas kaufen. Hierbei handelt es sich teils um angeborene, teils um erlernte Mechanismen, die bei allen Menschen ähnliches Verhalten auslösen.

Beispielsweise bewegen wir uns lieber gegen als mit dem Uhrzeigersinn. Ladengestalter bauen die Laufwege im Supermarkt deshalb gegen den Uhrzeigersinn auf, was dazu führt, das wir mehr einkaufen, weil wir uns wohlfühlen.

Oder werden die Gänge zwischen den Regalen zu schmal, bewegen wir uns automatisch schneller und kaufen weniger ein. Offensichtlich kommt hier unser Steinzeit-Gen zum Vorschein: Fühlen wir uns eingeengt, befürchten wir, bei Gefahr nicht rechtzeitig fliehen zu können. Werden die Gänge aber wieder breiter, verlangsamen wir unsere Schrittgeschwindigkeit, können die Produkte nun besser betrachten und kaufen automatisch mehr ein. Und das wissen die Supermarktbetreiber.

Geben und Nehmen

Ein weiteres gutes Beispiel ist die in uns verankerte Norm von der Reziprozität. In allen Kulturen ist es ein tief verwurzeltes Prinzip, in Beziehungen mit anderen Menschen auf die Balance von Geben und Nehmen zu achten. Bekommen wir etwas geschenkt, fühlen wir uns verpflichtet, etwas zu geben. Gemeinnützige Organisationen nutzen die Reziprozitätsnorm systematisch, indem sie ihren Spendenbriefen ein paar Grußkarten oder andere Kleinigkeiten beilegen. Und dies löst bei uns moralischen Druck aus, sodass wir im Gegenzug etwas spenden.

Doch auch im Supermarkt wird die Reziprozitätsnorm zielgerichtet eingesetzt. Wir kommen mit unseren Kindern an einem Probierstand vorbei. Die nette Dame schenkt den Kleinen einen Anstecker und bietet uns die neue Käsesorte zum Probieren an. Jetzt hätten wir ein schlechtes Gewissen, wenn wir unserem Gegenüber nicht auch etwas Gutes tun würden. Deshalb kaufen wir ihr eine Packung ab, obwohl der neue Käse nicht einmal besser schmeckt als unsere Stammsorte. Und schon sind wir in die Reziprozitätsfalle getappt.

Beraten und verkauft

Auch im Beratungsgespräch mit einem Verkäufer wirkt die Rezi-prozität. Ist der Verkäufer geschult und geübt, kann es schwer für den Kunden werden. Ein guter Verkäufer kann sich in die Situa-tion des Kunden hineinversetzen, seine Bedürfnisse erahnen und seine Verkaufstaktik entsprechend anpassen.

Die Herren werden es kennen: Im Bekleidungsgeschäft kriegen wir immer zuerst den Anzug angeboten, und das Hemd, das wir später dazu kaufen, wirkt im Vergleich günstig, auch wenn es teu-er ist. Wenn uns der Verkäufer fragt, ob wir Wert auf Qualität le-gen, und wir mit Inbrunst Ja sagen, können wir später vielleicht nicht mehr so einfach das günstigste Produkt kaufen. Und ganz gefährlich wird es, wenn uns der Verkäufer oder die Verkäuferin sympathisch ist. Wenn wir ihn oder sie attraktiv finden, dann sind wir sehr anfällig, den Empfehlungen zu folgen.

Manchmal auch Pilot statt Autopilot

Obwohl der Großteil unseres Konsumverhaltens von unserem Autopiloten gesteuert wird, schalten wir bei bestimmten Entschei-dungen auf unseren Piloten um. In diesen Fällen wollen wir ratio-nal und fundiert entscheiden.

Hier stehen wir jedoch vor dem Problem der Informationsüberlas-tung: Wir werden mit so vielen Informationen konfrontiert, dass wir gar nicht mehr in der Lage sind, sämtliche Informationen zu verarbeiten. Wir haben eigentlich nur eine Chance: Wir müssen uns auf Schlüsselreize konzentrieren und alle anderen Informatio-nen beiseiteschieben.

Aus diesem Grund haben wir im Laufe unserer Entwicklung so-genannte Denkschablonen entwickelt. Der Psychologe spricht in diesem Zusammenhang von Heuristiken. Das sind Handlungsre-geln, die uns meist nicht vollständig bewusst sind, die uns aber in vielen Fällen helfen, uns schnell und richtig zu entscheiden. Kennt das Gegenüber aber unsere Heuristiken, sind wir anfällig für Ma-nipulationen.

Heuristiken helfen uns, die Informationsüberlastung in den Griff zu bekommen, sie sind aber auch anfällig für Manipulationen.

Ein Beispiel ist die Heuristik »teuer = gut«. Der Volksmund bringt diese Heuristik in Weisheiten wie »Was nichts kostet, ist nichts wert« und »Qualität hat ihren Preis« zum Ausdruck. Wir greifen auf diese Denkschablone immer wieder zurück, wenn wir beim Einkaufen die Qualität der Waren nicht fundiert beurteilen können.

Doch diese einfache Heuristik wird dann zur Einkaufsfalle, wenn Anbieter unsere Denkschablonen kennen und wissen, wie sie funktionieren. Da solche Mechanismen nicht nur ab und zu von einigen wenigen unseriösen Unternehmen genutzt werden, sondern wissenschaftlich erforscht und systematisch eingesetzt werden, liegt es in unserem eigenen Interesse, unsere Denkschablonen und das daraus resultierende Verhalten zu kennen und gegebenenfalls zu hinterfragen. Und hierzu dient dieses Buch. Um zu verstehen, wie Autopilot und Pilot funktionieren, unternehmen wir einen kurzen Ausflug in die Gehirnforschung.

Das Märchen vom Homo oeconomicus

Lange Zeit wurde davon ausgegangen, dass das Großhirn, genauer gesagt der Neokortex als Sitz der Vernunft, die wichtigste und bestimmende Hirnregion des Menschen sei. Der Mensch und demnach auch der Konsument seien demnach vernunftgesteuerte Wesen, denen jegliches Gefühl fremd ist. Ihren Niederschlag fand dieses Menschenbild in der Idealvorstellung vom Homo oeconomicus.

Doch wer ist dieser Homo oeconomicus, dieses ominöse Fabelwesen, das Studierende der Wirtschaftswissenschaften vom ersten Semester an bis in ihre Träume verfolgt? Er ist so etwas wie der Comicheld der Ökonomie, ein Superman, der über folgende Eigenschaften verfügt:

Er handelt immer rational. Emotionen sind für ihn ein Fremdwort, beim Einkauf ist er ganz kalt ums Herz.

Er will ständig seinen Nutzen maximieren, d. h. sich das beste Preis-Leistungs-Verhältnis sichern. Er konzentriert sich ausschließlich darauf, für eine bestimmte Leistung möglichst wenig zu bezahlen bzw. für ein bestimmtes Budget eine maximale Leistung zu erhalten.

Er hat den vollständigen Marktüberblick und verfügt über sämtliche Informationen in Echtzeit. Damit kennt er sämtliche Produkte und deren Eigenschaften sowie Preise ganz genau.

Er reagiert unendlich schnell auf Marktveränderungen. Erhöht etwa ein Händler in China den Preis für Tsing-Tsang-Bier um einen Yuan, bezieht dies unser Superheld sofort in seine Überlegungen mit ein.

Ziemlich weit von der Wirklichkeit entfernt. Das kann sich doch nur so ein Eierkopf in seinem wissenschaftlichen Elfenbeinturm ausgedacht haben, werden Sie denken. Und da liegen Sie gar nicht so falsch. (Mit »Egghead« bezeichnet man im Englischen übrigens einen Intellektuellen.)

Wir überschätzen unsere Rationalität gewaltig. Die Vorstellung eines rational entscheidenden Konsumenten ist nicht länger aufrechtzuerhalten.

Ein Blick in unser Cockpit

Folgt man den neueren Erkenntnissen der Gehirnforschung, muss man sich vom Bild des rein vernunftgesteuerten Konsumenten und erst recht vom Idealbild des Homo oeconomicus endgültig verabschieden. Denn unsere Informationsverarbeitung und Entscheidungsfindung laufen in zwei unterschiedlichen, einander ergänzenden Systemen ab: Einem System, welches Entscheidungen mittels Intuition fällt (»Autopilot«, der im Zwischenhirn sitzt), und einem »rationalen« System, das logisch denkt (»Pilot«, der im Großhirn, sprich Neokortex angesiedelt ist). [2]

Der Neokortex (= Großhirnrinde) ist das einzigartige Kennzeichen des Menschen. Im Laufe der Evolution vom frühen Australopithecus (= Südlicher Halbaffe) vor 4,5 Mio. Jahren, der sich durch einen aufrechten Gang auszeichnete, bis zum heutigen Homo sapiens (= wissender Mensch) hat sich das menschliche Neokortex-Volumen von damals 300 ccm auf ca. 1.200 bis 1.300 ccm rund vervierfacht.

Mit der Entwicklung des Neokortex hat sich zwar die Komplexität unseres Verhaltens und Denkens erhöht. Die grundsätzlichen Zielsetzungen sind aber im Zwischenhirn verankert, das uns somit wie ein Autopilot unbewusst auf Kurs hält. Kommen wir von unserem Kurs ab, ruft dies negative Gefühle (Angst, Ärger, Wut) hervor, die wir durch entsprechende Handlungen zu beseitigen bzw. zu vermeiden suchen. Befinden wir uns wieder auf dem richtigen Kurs, werden wir durch positive Gefühle (Lust, Spaß, Geborgenheit, Glück) belohnt. Diesen Überlegungen folgend hat nicht der vernünftige Neokortex, sondern das Reptilienhirn eine Vormachtstellung in unserem Hirn.

Unser »Autopilot« im Zwischenhirn trifft schnell, automatisch und mit wenig Aufwand Entscheidungen. Er steuert uns durch die normalen alltäglichen Routinen und lässt uns schnell sowie effizient entscheiden. Die weit überwiegende Mehrzahl unserer Kaufentscheidungen wird unbewusst und damit von unserem Autopiloten getroffen.

Beim verbleibenden und deutlich kleineren Rest schaltet sich unser »Pilot« ein, der im Neokortex sitzt. Hier denken wir nach, nehmen uns Zeit und wollen es ganz genau wissen. Dementsprechend ist unser »Pilot« langsam, kontrolliert und arbeitet mit erheblichem Aufwand. Zwischen beiden Systemen besteht ein wesentlicher Unterschied: Der »Autopilot« lernt nur sehr langsam. Haben wir aber einmal eine Regel verinnerlicht, wenden wir sie ohne Nachzudenken oder sogar unterbewusst an. Der »Pilot« hingegen ist sehr flexibel, er kann sich gut auf neue Situationen einstellen und neue Regeln lernen.

Auf den Punkt gebracht: Menschen können aufgrund der höheren Komplexität, welche die Zellstruktur unseres Neokortex zulässt, sehr komplexe Entscheidungen treffen. Die eigentlichen Entscheidungen werden jedoch im Reptilienhirn, dem entwicklungsgeschichtlich ältesten Teil unseres Gehirns, von unserem Autopiloten getroffen: Um Energie zu sparen, schaltet unser Gehirn mit Vorliebe auf Autopilot um. Denn Einkaufen ist äußerst anstrengend. Eine Untersuchung in den USA hat gezeigt, dass die Qual der Wahl vor den Regalen unser Gehirn stark beansprucht und müde macht. Testpersonen, die vorher schwierige Einkaufsentscheidungen zu treffen hatten, konnten anschließend deutlich schlechter komplexe Aufgaben lösen.

Der Autopilot handelt nach der Maxime: Was sich bisher bewährt hat, wird auch in Zukunft so gemacht. Und – jetzt kommt das Überraschende wenn nicht gar Befremdende – unser Autopilot hat bereits entschieden, bevor wir es überhaupt merken. Unser Hirn geht einkaufen, nicht wir!

Unser Autopilot, der unser Verhalten im Wesentlichen steuert, sitzt im Zwischenhirn und entscheidet schnell und mit wenig Aufwand. Unser Pilot befindet sich im Großhirn und agiert langsam, mit viel Aufwand und kontrolliert.

Umfangreiche Informationen werden unterbewusst verarbeitet

Es gibt viele Indizien, die uns zeigen, dass das Unterbewusstsein beim Einkaufen eine große, nein, die beherrschende Rolle spielt: Haben Sie nicht auch schon oft mehr gekauft, als Sie eigentlich wollten? Der amerikanische Psychologe George Miller hat in vielen Studien herausgefunden, dass der Mensch nur etwa sieben Informationen zur gleichen Zeit verarbeiten kann. Häusel kommt zu dem Ergebnis, dass beim Menschen nur 0,004 % der wahrgenommenen Informationen tatsächlich auch in das Bewusstsein gelangen.

Eine sehr bekannt gewordene Untersuchung der Universität Ohio zeigt, wie selektiv der Mensch wahrnimmt: Ein vermeintlicher Tourist spricht auf der Straße einen Passanten an, um ihn nach dem Weg zu fragen. Während sich die beiden unterhalten, werden sie von zwei Männern unterbrochen, die eine große Holztür zwischen den beiden hindurchtragen. Dieses Ablenkungsmanöver dient nur dazu, den Touristen gegen einen anderen Mann auszutauschen.

Das erstaunliche Ergebnis: Die Hälfte aller Passanten merkte nicht, dass ihnen nun ein anderer Mann gegenüberstand. Sie hatten ihre Wahrnehmung auf andere Aspekte konzentriert, nicht aber auf das Aussehen des Gesprächspartners.

Auch eine Werbung von Volkswagen für das neue Passat Coupé spielte mit der selektiven Wahrnehmung: In dem Fernsehspot sah man das sportliche Fahrzeugmodell durch Stadt und Landschaft fahren. Kurze Zeit danach wurde das Bild eingefroren und darauf hingewiesen, dass soeben ein Leopard von einer äußerst attraktiven Dame durch das Bild geführt worden war. Dass der Betrachter dies nicht bemerkt hatte, wurde dem sportlichen Aussehen des Passat Coupé zugeschrieben. Dass die selektive Wahrnehmung auch bei einem Kleinwagen oder einem Transporter unsere Aufmerksamkeit auf das Auto gelenkt hätte, sodass wir den Leopard samt Dame übersehen hätten, verschwieg die Werbung selbstverständlich.

Die Experten sprechen von Information Overload: Die Informationsfülle nimmt von Jahr zu Jahr zu. Jeder Deutsche hat rund 3.000 Markenkontakte täglich. Das bedeutet also, dass wir im Laufe eines Tages rund 3.000-mal auf Produkten, Plakaten, Litfaßsäulen, Bannerwerbung im Internet, Mails, Fußballertrikots beim Bundesligaspiel, Fernsehwerbung und Zeitungswerbung und Zeitschriftenanzeigen mit Marken konfrontiert sind. Da ist es logisch, dass die meisten Reize in der Informationsflut untergehen.

In einer groß angelegten Analyse in den Jahren 2003 bis 2006 wurde herausgefunden, dass rund die Hälfte der Werbemittel falschen oder keinen Marken zugeordnet wurde, wenn das Markenlogo ausgeblendet wurde.

In einer weiteren Untersuchung sollten sich die Versuchsteilnehmer zwischen (Fantasie-)Produkten entscheiden, die entweder vier oder zwölf positive bzw. negative Eigenschaften aufwiesen. Unter den Produkten mit vier Merkmalen gelang es den Teilnehmern problemlos, das optimale Produkt zu identifizieren. Sie versagten hingegen, wenn sie in ihre Entscheidungsfindung zwölf Merkmale einbeziehen mussten. Der Erfolg stellte sich erst wieder ein, wenn die Forscher die Testpersonen nach der Informationsphase vier

Minuten lang mit einem Puzzle ablenkten. Die Befunde lassen die Schlussfolgerung zu, dass wir komplexe Entscheidungen am besten treffen, wenn wir nicht bewusst über das anstehende Problem nachdenken.

Befragungen von Konsumenten zu 40 verschiedenen Produkten bestätigen diese Befunde: Hatten die Konsumenten intensiv überlegt, waren sie nach dem Kauf einfacher Produkte (etwa eines Topfes) zufrieden. Beim Kauf komplexer Artikel (z. B. einer Espressomaschine) hingegen führte Nachdenken eher zur Unzufriedenheit. Je mehr Argumente ein Konsument hört, desto verwirrter ist er im Regelfall.

Das menschliche Arbeitsgedächtnis kann höchstens fünf Inhalte gleichzeitig bereitstellen. Alles, was darüber hinausgeht, verarbeitet das Gehirn zwar, aber der Mensch bekommt davon nichts mit. Nach einiger Zeit springt nur noch das Resultat der Berechnungen ins Bewusstsein. Vor diesem Hintergrund sollte man komplexe Entscheidungen keinesfalls spontan treffen, sondern sich Zeit dabei lassen. [3]

Je komplexer ein Problem ist, desto länger sollten wir uns für die Entscheidung Zeit lassen, aber nie länger als zwei Tage.

Wie unser Autopilot programmiert ist

Unser Autopilot sitzt im Reptiliengehirn. Dieses Gefühlszentrum steuert unsere Emotionen und Motive. Hier sind neben den grundlegenden überlebensnotwendigen Bedürfnissen wie Essen, Trinken, Schlafen und Sexualität drei zentrale Motivfelder verankert: Balance, Dominanz und Stimulanz. [4]

Balance ist das stärkste Motiv. Es lässt uns nach Harmonie, Ruhe und Sicherheit suchen und führt dazu, dass wir gefährliche oder risikoreiche Situationen vermeiden. Der Wunsch nach Ausgeglichenheit schlägt sich in folgenden Verhaltensregeln nieder:

– »Vermeide jede Gefahr!«
– »Baue auf Gewohnheiten und verzichte auf Veränderungen!«

– »Erhalte Altbewährtes!«
– »Vergeude nicht unnötig Kraft und Energie!«

Halten wir diese Regeln ein, werden wir mit positiven Gefühlen wie Geborgenheit und Sicherheit belohnt. Beispielsweise suchen wir mehr oder weniger bewusst nach Balance, wenn wir Bioprodukte, naturbelassene Lebensmittel, Kranken-, Lebens- und sonstige Versicherungen, Altersvorsorgeprodukte, altbekannte Markenartikel, (freiwillige) Garantieleistungen (Mindestpreis-, Mobilitäts- oder Bei-Unzufriedenheit-Geld-zurück-Garantie) und nicht zuletzt Hygieneprodukte (etwa Reinigungstücher, Desinfektionssprays) erwerben. Und immer, wenn wir uns für Qualität, Tradition, Familienunternehmen, persönliche Kundenbeziehungen und bekannte Geschäfte entscheiden, steckt dahinter nichts anderes als der Wunsch nach Ausgeglichenheit.

Dominanz motiviert dazu, uns im Kampf um knappe Ressourcen durchzusetzen, unser Herrschaftsgebiet auszudehnen und unsere Macht zu steigern. Das Dominanzmotiv zeigt sich, wenn Menschen nach Weiterkommen, Macht, Gewinnen und Sieg über andere streben. Dominanz kommt in folgenden Regeln zum Ausdruck:

– »Setze dich gegenüber anderen durch!«
– »Sei besser als deine Konkurrenten!«
– »Strebe nach oben und vergrößere deine Macht!«
– »Erweitere dein Territorium!«

Befolgen wir diese Regeln, mündet dies in Stolz und einem Gefühl von Überlegenheit. Verstoßen wir dagegen, reagieren wir mit Ärger, Wut und Minderwertigkeitsgefühlen. Das Dominanzmotiv wird befriedigt durch beispielsweise schnelle und PS-starke Autos, Statusprodukte wie exklusive Kleidung, Parfums und Getränke, Abenteuerreisen und nicht zuletzt Mitgliedschaften in exklusiven Kreisen.

Stimulanz schließlich weckt in uns den Wunsch nach Abwechslung, Erlebnis, Individualität und Neuem. Typische Verhaltensanweisungen sind:

- »Suche nach neuen und unbekannten Reizen!«
- »Brich aus alten Gewohnheiten aus!«
- »Strebe nach Abwechslung!«
- »Sei anders als die anderen!«

Folgen wir diesen Anweisungen, empfinden wir Spaß, Erregung, Prickeln und Begeisterung. Tun wir dies nicht, endet dies in Langeweile und Frustration. Unsere Neugierde befriedigen wir beispielsweise beim Konsum von Genussmitteln sowie in den Bereichen Freizeit, Reisen, Unterhaltungselektronik und (Erlebnis-)Gastronomie.

Unser Autopilot wird von drei Motiven gesteuert: Balance, Dominanz und Stimulanz.

Die drei Motivfelder Balance, Dominanz und Stimulanz sind bei uns je nach Konsumtyp unterschiedlich stark ausgeprägt.

Wer bin ich? Ein heiteres Konsumentenraten

Je nach Stärke der Balance-, Dominanz- und Stimulanz-Motive lassen sich sieben Konsumtypen ausmachen:

Der Abenteurer: Er ist risikoreich und eine Kämpfernatur. Qualität und Beratung sind ihm weniger wichtig. Im geht es mehr um Spaß, Stimulanz, Mehrleistung und Risiko. Charakteristisch sind die Suche nach dem ultimativen Kick und Spaß an Grenzerfahrungen. Der Abenteurer ist wenig bildungsorientiert, geht unkonventionelle Pfade und probiert gerne Neues und Unbekanntes aus. Abenteuerreisen und -sportarten sind Teil seines Lebens.

Der Hedonist: Im Gegensatz zum Abenteurer sucht dieser Konsumtyp zwar auch das Erlebnis, aber es fehlt ihm die aggressive, sich selbst durchsetzende Komponente. Bei ihm stehen Genuss, Glücklichsein und Lustgewinn im Vordergrund. Er sucht immer das Neue, Ungewöhnliche, Schrille und Einzigartige. Im Mittelpunkt stehen schnelle Belohnungen ohne viel Mühen. Typisch sind hier ausgefallene Mode, Urlaub an exotischen Orten und ein unkonventioneller Einrichtungsstil. Der Hedonist ist extrem unberechenbar in seinen Kaufentscheidungen, weil er ständig den neuesten Trends hinterherjagt.

Der Genießer: Er genießt das Leben sowie seine Annehmlichkeiten und gönnt sich häufig etwas. Er wird gerne stimuliert, liebt das Einkaufen und bevorzugt Marken mit Erlebnischarakter. Aufgrund des starken Balancemotivs ist der Genuss eher passiv ausgeprägt im Sinne von »sich verwöhnen lassen«. Man genießt, geht dabei aber weder Risiko noch allzu große Mühen ein. Die Devise lautet: Leben und leben lassen, also tolerant und offen gegenüber anderen und allem Neuen sein. Im Urlaub werden Entspannung, aber auch eine gewisse Abwechslung gesucht. Wellness-Produkte und -Angebote erfreuen sich großer Beliebtheit.

Der Bewahrer: Er sucht nach Sicherheit, Vertrauen und Qualität. Er überlegt sich genau, was er kauft und was nicht. Er setzt auf Altbewährtes und Tradition, Neuem steht er eher skeptisch gegenüber. Da er tendenziell unsicher ist, nutzt er Beratungsangebote jeglicher Art. Er achtet auf Qualität, wobei der Preis eine bedeutende Rolle spielt. Ausgefallenes wird gemieden. Er konsumiert am liebsten so wie die Masse bzw. die Gruppe, zu der er sich zugehörig fühlt. Für den Urlaub werden Orte bevorzugt, die keine größere Veränderung der Gewohnheiten erfordern.

Der Disziplinierte: Er möchte keine Risiken eingehen. Doch im Gegensatz zum Bewahrer, der eher passiv ist, zeichnet sich der Disziplinierte durch Aktivität aus. Der Tag hat feste Regeln. Er kauft nach langem Überlegen und immer nur das, was er tatsächlich auch benötigt. Alles soll berechenbar und überschaubar sein. Bei Lebensmitteln beispielsweise sind Herkunftsangabe, Inhaltsstoffe, Kalorienzahl und Auswirkung auf den Cholesterinspiegel wichtiger als der Geschmack. Er bevorzugt vertraute Geschäfte und überschaubare Sortimente, in denen er sich schnell zurechtfindet.

Der Performer: Sein zweiter Name ist Ehrgeiz. Bei ihm stehen Karriere und Erfolg im Vordergrund. Produkten, Sportarten und Freizeitaktivitäten mit Status- und Leistungscharakter kommt eine große Bedeutung zu. Die privaten Interessen sind relativ begrenzt und richten sich an Geld und beruflichem Erfolg aus. Der demonstrative Konsum, durch den man zeigt, was man (geleistet) hat, ist wichtiger als Genuss. Dementsprechend liebt der Performer Statusprodukte, Spitzenleistung und Qualität sowie technische Perfektion.

Der Gleichgültige: Während die bisher charakterisierten Konsumententypen sich dadurch auszeichnen, dass bestimmte Motive stärker als andere sind, sind beim Gleichgültigen Balance, Dominanz und Stimulanz gleichmäßig und nicht sonderlich stark ausgeprägt. Dieser Typ bevorzugt Massenprodukte und verfügt kaum über ausgeprägte Vorlieben. Da er von externen Reizen kaum angesprochen wird, passen auf ihn Bezeichnungen wie (positiv) »stabil-introvertiert« oder (weniger positiv) »gleichgültig-phlegmatisch«.

Es existieren sieben Konsumtypen: Abenteurer, Hedonist, Genießer, Bewahrer, Disziplinierter, Performer und Gleichgültiger. Zu welchem Konsumtyp würden Sie sich zählen?

Da die drei Motivfelder Balance, Dominanz und Stimulanz in unterschiedlicher Stärke bei allen Menschen vorhanden sind, muss – so die Vertreter dieses Ansatzes – beim Konsumentenverhalten in Wahrscheinlichkeiten und nicht in sicheren Ereignissen gedacht werden. Der Hedonist kauft auch Produkte mit Balancecharakter, aber über einen längeren Zeitraum hinweg eben wesentlich seltener als der Bewahrer.

Warum Mann und Frau nicht zusammen-
passen – jedenfalls beim Einkaufen

Bei jedem Menschen und in jeder Altersstufe sind Balance, Dominanz und Stimulanz mehr oder weniger stark ausgeprägt. Sucht man nach Unterschieden zwischen den Geschlechtern, zeigt sich, dass bei den Bewahrern und Genießern Frauen überwiegen. Bei den Hedonisten und Disziplinierten sind beide Geschlechter in etwa gleichmäßig vertreten. Bei den Performern und Abenteurern dominieren eindeutig die Männer.[5]

Mit dem Alter verlieren Dominanz- und Stimulanzbedürfnisse an Stellenwert, während der Wunsch nach Balance zunimmt. Demnach sind Hedonisten, Abenteurer und Performer im Durchschnitt wesentlich jünger als Genießer, Bewahrer und Disziplinierte.

Betrachtet man Alter und Geschlecht gleichzeitig, dann zeigt sich: Junge Männer haben einen ausgeprägten Wunsch nach Dominanz und Stimulanz.

Ältere Männer tendieren zu Werthaltungen wie Tugend, Disziplin und Sparsamkeit.

Junge Frauen haben etwas weniger Dominanz, dafür aber eine hohe Stimulanzausprägung.

Ältere Frauen neigen zu Balance, Sicherheit, Disziplin, Tradition und Humanismus.

Männer tendieren beim Einkauf zu Dominanz, Frauen zu Stimulanz. Mit zunehmendem Alter kommt bei beiden Geschlechtern das Balancemotiv stärker zum Tragen.

Mann und Frau in der Hormonfalle

Im Jahr 2009 engagierte Media-Markt für seine Werbung den Komiker Mario Barth. In einem der Werbespots kommentierte er auf humorvolle Art und unter Beifallsstürmen eines vermeintlich freiwillig anwesenden Publikums, wie Frauen und Männer einen iPod einkaufen. Der Mann steuert ohne Umwege die MP3-Abteilung an. Die Frau hingegen schlendert durch die Kaffeemaschinen- und DVD-Abteilung, bis sie nach vielen Ablenkungen und Umwegen endlich zum iPod findet.

Das, was der Komiker Mario Barth in der Media-Markt-Werbung auf die Schippe nimmt, birgt jedoch bei allem Humor einen wahren Kern. Denn für die unterschiedliche Motivstruktur und das daraus folgende unterschiedliche Kaufverhalten von Mann und Frau gibt es eine einfache biologische Erklärung. Dass bei Männern das Dominanzmotiv im Vordergrund steht, lässt sich auf den höheren Anteil des Hormons Testosteron zurückführen. Der Evolutionsforscher James Darwin würde das ungefähr so ausdrücken: Nur der Überlegene wirkt auf Frauen attraktiv und hat demnach die Chance, seine Gene möglichst häufig weiterzugeben. Deshalb streben Männer immer danach, über ihre Geschlechtsgenossen zu dominieren.

Da Männer besser, stärker und schneller als ihre Konkurrenten sein wollen, steuern sie zielstrebig ein Regal an, verschaffen sich schnell einen Überblick über das Angebot und greifen dann sehr schnell zu.

Und bei Männern geht es häufig darum, wer das bessere Fachwissen besitzt. Sie holen sich eigentlich keinen Rat beim Verkäufer, sondern wollen sich, dem Gegenüber und ihrer Umwelt beweisen, dass sie der Überlegene sind. Auch hier gibt das Männlichkeitshormon Testosteron den Ausschlag.

Testosteron ist ein wichtiges Sexualhormon, das bei beiden Geschlechtern vorkommt, beim Mann aber in höherer Konzentration vorhanden ist. Ein hoher Testosteronspiegel fördert das Entstehen bzw. die Steigerung von sexuellem Verlangen (Libido) und generell Antrieb, Ausdauer und »Lebenslust« sowie dominante und aggressive Verhaltensweisen.

Dass Testosteron nicht unbedingt zu besseren Kaufentscheidungen führt, zeigt sich spätestens dann, wenn wir Männer über den Verkäufer oder die Verkäuferin aufgrund unseres vermeintlich besseren Fachwissens dominiert haben (der Klügere gibt gemeinhin nach), jetzt aber mit dem schlechteren Produkt nach Hause kommen.

Östrogene sind die wichtigsten weiblichen Sexualhormone und fördern die Reifung einer befruchtungsfähigen Eizelle. Oxytocin hat eine wichtige Bedeutung beim Geburtsprozess. Gleichzeitig beeinflusst es nicht nur das Verhalten zwischen Mutter und Kind sowie zwischen Geschlechtspartnern, sondern auch ganz allgemein das soziale Verhalten von Frauen.

Bei Frauen führt der höhere Anteil des Hormons Östrogen oder auch Oxytocin dazu, dass sie stärker auf Reize ansprechen. Sie bummeln, schauen, wägen ab und benötigen längere Zeit, um sich zu entscheiden. Mit dem Nachteil, dass zwar nichts übersehen, aber auch nichts liegen gelassen wird. Fazit: Der Einkaufswagen ist umso voller, das Portemonnaie aber leer.

Die unterschiedlichen Sexualhormone von Mann und Frau beeinflussen auch deren Einkaufsverhalten.

Die Neandertaler im Supermarkt

Wenn unsere Kaufentscheidungen im Wesentlichen von unserem Reptilienhirn und unseren Hormonen gesteuert werden, liegt das daran, dass dieses Gehirnareal zwischen 30.000 und 50.000 Jahre alt ist. Die Evolution verändert uns Menschen nur im Schnecken-tempo. Wir laufen also immer noch mit dem Hirn eines Jägers und einer Sammlerin durch die heutige Einkaufswelt.

Dies zumindest ist die Theorie von Daniel Kruger, Professor an der renommierten University of Michigan in Ann Arbor, USA. »Wir haben Belege, dass die Art von Fertigkeiten, Fähigkeiten und Ver-haltensweisen, die in der Steinzeit wichtig für das Jagen und Sam-meln waren, in unserer modernen Konsumgesellschaft auf eine vorhersagbare Weise zum Vorschein kommen.«

Damals benötigten Frauen für das Sammeln von Pflanzen voll-kommen andere Strategien als die Männer für eine erfolgreiche Jagd. Dies spiegelt sich in ihrem heutigen Kaufverhalten wider. Aus der Perspektive der Evolution scheint es demnach ganz natür-lich zu sein, dass Mann und Frau beim Einkauf oftmals nur wenig Verständnis füreinander aufbringen.

Schauen wir uns die Theorie von Kruger einmal genauer an: Stein-zeitfrauen kehrten beim Sammeln immer wieder an dieselben Stellen zurück, an denen sie einmal fündig geworden waren. Sie mussten sehr erfahren und geschickt sein, um genau die richtige Farbe, Beschaffenheit und den richtigen Geruch der Nahrung zu erkennen. Nur so konnten sie sicherstellen, dass diese genießbar und von guter Qualität war.

Außerdem mussten sie wissen, wie lange es dauern würde, bis sich eine abgeerntete Stelle regeneriert haben würde und erneut abgeerntet werden könnte. Wenn sie auf ihrer Wanderschaft in ein neues Gebiet kamen, mussten sie die Landschaft genau ergründen und herausfinden, an welchen Plätzen es Nahrung gab.

Gewisse Ähnlichkeiten zu Shopping-Gewohnheiten von Frauen sind unverkennbar. Unter modernen Bedingungen wissen Frauen viel eher als Männer, wo es bestimmte Produkte besonders güns-tig gibt und wann ein bestimmtes Produkt im Angebot sein wird. Eröffnet ein neues Geschäft, wollen sie dieses als Erste erkunden. Und sie verbringen auch deutlich mehr Zeit als das andere Ge-schlecht damit, das perfekte Produkt auszuwählen.

Ganz anders verhält sich unser Steinzeitmann. Als Jäger war es für das Überleben notwendig, die Beute anzuvisieren, zu erlegen und das Fleisch so schnell wie möglich zurück in die Höhle zu schaffen. Und ganz ähnlich verhält sich das Gros aller Männer beim Einkaufen: Sie haben häufig ein ganz bestimmtes Produkt im Sinn. Dazu wollen sie einfach nur schnell in einen Laden gehen, sich das Produkt schnappen und schnell wieder das Geschäft verlassen. Natürlich treffen diese Verhaltensweisen nicht auf jeden zu, so Kruger. Trotzdem trägt die Theorie dazu bei, das andere Geschlecht besser zu verstehen.

Auch heute noch kaufen Männer eher wie Jäger ein, und Frauen eher wie Sammlerinnen.

Alles Hirngespinste unbelehrbarer Chauvinisten?

Sie reizgesteuert und genau inspizierend, er rational und zielstrebig. Das hört sich doch stark nach überholten Rollenbildern an, oder?

Offensichtlich nicht. Eine Studie der Wiesbadener Marketingberatung UGW belegt das unterschiedliche Kaufverhalten von Frauen und Männern mit Zahlen. Zu diesem Zweck wurden insgesamt rund 700 Verbraucher nach ihren Einkaufsgewohnheiten befragt. Hier die wichtigsten Ergebnisse:

21 % der Männer benötigen maximal 15 Minuten für ihren Einkauf. Bei den Frauen schaffen es nur 9 % innerhalb einer Viertelstunde.

Die Mehrheit der Männer (42 %) nimmt sich beim Einkauf 15 bis 30 Minuten Zeit, bei Frauen sind es 10 % weniger.

Jetzt schlägt das Pendel in die andere Richtung. 38 % der Frauen verweilen zwischen 30 und 60 Minuten am Point-of-Sale, bei den Männern sind es nur noch 26 %.

21 % der Frauen kalkulieren für den Einkauf über eine Stunde ein. Bei den Männern sind es gerade einmal 11 %.

Viele andere Untersuchungen bestätigen Unterschiede im Einkaufsverhalten von Mann und Frau und verraten uns so einiges über die besseren Hälften.

Erstaunlich: Obwohl Frauen grundsätzlich bei allerlei Untersuchungen die schlechtere Orientierung im Raum zeigen, schneiden sie bei Orientierungstests auf Wochenmärkten oder in Supermärkten immer deutlich besser als Männer ab.

Frauen wollen laut einer australischen Untersuchung beim Einkaufen von Kleidung eher von weniger attraktiven Frauen bedient werden, damit sie selbst schöner erscheinen und sich nicht in ihrer Attraktivität bedroht fühlen müssen.

Psychologen der britischen Universität Hertfordshire haben herausgefunden, dass sich das Kaufverhalten von Frauen kurz vor der Menstruation verändert. Sie kaufen dann öfter ein, treffen häufiger impulsive Kaufentscheidungen und geben mehr Geld aus. Offenbar versuchen Frauen, die negativen Begleiterscheinungen des prämenstruellen Syndroms, das schuld an Brustspannen, Essattacken und schlechter Laune ist, durch positive Gefühle beim Shopping auszugleichen. Eine andere Erklärung ist die bei Untersuchungen festgestellte Tatsache, dass Frauen während ihrer Menstruation besonders gut aussehen möchten. Vielleicht geben sie deshalb mehr Geld für Bekleidung, Make-up & Co. aus.

Frauen sehen im Gegensatz zu Männern den Einkaufsbummel auch heute noch als beliebte soziale Aktivität. Dies kann auch damit erklärt werden, dass früher das Einkaufen für Frauen die erste Chance war, das Haus zu verlassen und eigene Entscheidungen zu treffen. Einkaufen war quasi das erste Feld der Emanzipation.
Die Marktforschung geht davon aus, dass etwa 80 % aller Kaufentscheidungen von Frauen getroffen oder zumindest stark beeinflusst werden. Wenn es um Alltagsgüter geht, sind es sogar 90 %. Frauen kaufen anders ein, und Frauen wissen auch mehr: Sie kennen nicht nur ihre Kleidergröße, sondern auch die ihrer Männer. Männer kennen oft nicht einmal die eigene.

Damit einher geht der Befund, dass 52 % der Frauen mehr als geplant einkaufen. Bei den Männern lassen sich nur 40 % zu Spontankäufen verleiten. Und das, obwohl die Hälfte aller Frauen den altbewährten Einkaufszettel nutzt, während nur 30 % aller Männer auf dieses Hilfsmittel zurückgreifen.

Kommen wir nun zum anderen Geschlecht, den Männern. Man kann es bei ihnen immer wieder beobachten: Männer laufen schneller beim Einkaufen, kaufen rascher ein und schauen sich meistens nur das an, was sie wirklich zu kaufen beabsichtigen. Die durchschnittliche Aufenthaltsdauer von Frauen in Verbraucher-märkten ist fast doppelt so groß wie jene von Männern, wie der Verhaltenswissenschaftler Häusel herausgefunden hat. Män-ner empfinden Einkaufen nicht selten als lästige Pflicht, für die sie nicht mehr Zeit als nötig aufwenden möchten. Die Neigung zu Spontankäufen ist bei Männern ebenso kleiner wie die Aufmerk-samkeit für Verkaufsaktionen im Ladengeschäft. Und Männer sind im Verkaufsgespräch eher beeinflussbar, da sie das Geschäft schneller verlassen wollen.

Gehen Männer solo einkaufen, rennen sie durch das Geschäft, ar-beiten eisern ihre Einkaufsliste ab und hetzen zur Kasse, um mög-lichst schnell wieder an der frischen Luft zu sein. Zwei Drittel der Männer kaufen das Kleidungsstück, das sie mit in die Umkleide-kabine genommen haben. Bei Frauen ist es nur ein Viertel. Und finden Männer die Umkleidekabine nicht sofort, gehen sie wieder. Denn so wichtig ist es ihnen nun auch wieder nicht, eine neue Hose zu erwerben.

Männer denken beim Einkauf offensichtlich praktisch und zeit-sparend. Sie gehen schnell irgendwohin, nehmen sich auch beim Einkauf im Supermarkt das, was in Blick- und Greifzone liegt. Eine Frau hingegen wird beispielsweise in der Obst- und Gemüseabtei-lung stehen bleiben und jeden Salatkopf erst einmal genau unter-suchen, bevor sie sich letztlich doch für Tomaten entscheidet.

Aber es gibt Grund zur Hoffnung für die shoppingverliebten Frau-en, denn das Einkaufen wird für Männer interessanter: Laut einer Umfrage der Fachhochschule Braunschweig-Wolfenbüttel kaufen mittlerweile 54 % der jungen Männer durchaus gerne Klamotten ein. Auch die Universität Illinois (USA) hat ähnliche Befunde er-zielt.

Sex sells

Die Rationalität von Männern hat auch ihre Grenzen, und wieder kommt das Testosteron ins Spiel. Was wir schon immer ahnten, haben belgische Wissenschaftler um den Wirtschaftsprofessor Siegfried Dewitte an der Universität Löwen nun bestätigt: Bei Männern mit hohem Testosteronspiegel setzt bei erotischen Reizen das Hirn aus. Normalerweise sind Männer mit hohem Testosteronspiegel harte Verhandlungspartner. Sobald aber erotische Reize ins Spiel kommen, tritt genau diese Fähigkeit in den Hintergrund. Jetzt mutieren die sonst so starken Männer zu Schäfchen, die sich leicht manipulieren lassen und gerne bereit sind, überhöhte Preise zu entrichten.

Das Prinzip des abgeschwächten Preisbewusstseins bei sexuellen Reizen funktioniert nicht nur bei teuren Produkten, sondern auch bei Waren des täglichen Bedarfs sowie bei Spontankäufen. Sehen Männer spärlich bekleidete Frauen, wählen sie schneller Genussmittel wie Filme, Gebäck oder Zigaretten. Auch wenn die belgischen Wissenschaftler nachweisen konnten, dass insbesondere Männer mit hohem Testosteronspiegel die bevorzugten Opfer von erotischer Werbung für teure Produkte sind, so gilt auch bei Frauen: Sex sells. Bei einem gut gebauten Männerkörper in Werbeanzeigen kommt es – wenn auch schwächer ausgeprägt als bei Männern – auch bei ihnen vermehrt zu Spontankäufen. Der geringere Einfluss lässt sich damit erklären, dass Frauen nicht wie Männer hauptsächlich über das Auge, sondern über tatsächliche Berührungen wahrnehmen.

Was Kopfkamera und Pulsmesser verraten

Vom Fernsehsender VOX in Auftrag gegebene wissenschaftliche Untersuchungen mit einer sogenannten Kopfkamera, welche die Blickrichtung von Kunden beim Einkaufen aufzeichnet, belegen die Unterschiede im Einkaufsverhalten von Mann und Frau. Das Auge des Mannes fixiert das Regal, in dem das aufgelistete Produkt liegt. Sein Blick weicht kaum vom Ziel ab. Er verhält sich auch in der Konsumwelt wie ein Jäger in der Steinzeit: präzise, ohne überflüssige Bewegungen.[6]

Für Frauen hingegen wird bereits der Eingangsbereich eines Geschäfts zur Herausforderung. Auch sie versuchen, sich grundsätzlich zu orientieren. Ihr Blick weicht jedoch immer wieder vom eigentlichen Ziel ab, d. h. sie lassen sich leichter ablenken, da sie auf der Suche nach Abwechslung sind. Und selbst wenn sie nach deutlich längerer Zeit als Männer das gewünschte Regal erreichen, sind ihre Blicke immer noch unruhig. Alles muss genau ausgespäht, in die Hand genommen und inspiziert werden. Und das kostet Zeit. Was Männer zeitsparend erledigen, führen Frauen gründlich durch. Beides hat seine Vor- und Nachteile. Das Kaufverhalten von Frauen zeichnet sich durch die gründliche Vorgehensweise aus. Sie schauen nach der richtigen Qualität und Größe, vergleichen die Preise und beurteilen die Frische. Nachteilig ist aber der Zeitverlust, der aus dem intensiven Angebotsvergleich folgt. Hinzu kommt die größere Bereitschaft zu Spontankäufen.

Der Mann hingegen ist ein Einkaufssprinter. Er spart Zeit und Kraft, da er bereits weiß, was er will. Er sucht nur noch nach den Produkten auf seiner Einkaufsliste und verlässt nur mit ihnen den Laden. Da Männer einfach nur schnell einkaufen, achten sie weniger auf Preis und Qualität. Da kann es schon mal vorkommen, dass nicht das qualitativ beste und/oder günstigste Produkt im Einkaufswagen landet. Und Hausfrauen beklagen immer wieder, dass ihre bessere Hälfte das Einkaufsgeld, das eigentlich für einen Monat reichen sollte, problemlos in einer Woche ausgibt.

Wissenschaftliche Untersuchungen mit Pulsmessern, die erfassen sollen, wie Mann und Frau beim Einkauf emotional reagieren, also ob sie gestresst oder erfreut sind, fördern Interessantes zutage: Vor dem Einkauf lag der Puls bei den Testkäufern bei ca. 66 Schlägen pro Minute. Nach kurzer Zeit im Laden stieg der Pulswert des Mannes auf rund 130 Schläge an. Dieser Wert liegt doppelt so hoch wie der Ausgangswert. Bei Männern erkennt man an den Pulskurven, dass es zahlreiche Situationen gibt, die Stress auslösen. Und zwischendurch gibt es kaum eine Entspannungsphase.

Auch bei Frauen schnellt der Puls – wenn auch seltener als bei den Männern – beim Einkaufen in die Höhe. Nicht aber vor Stress, sondern vielmehr vor Freude. An deren Pulsverlauf erkennt man, dass es grundsätzlich mehr Höhepunkte im positiven (= Freude,

Interesse) als im negativen Sinn (= Stress, Ärger) gibt. Und Frauen verzeichnen längere Entspannungsphasen. Diese lassen den Schluss zu, dass Frauen beim Einkaufen weniger gestresst sind als das andere Geschlecht und ihr Puls vor Begeisterung für ein Produkt schneller schlägt.

Und jetzt: die Werbung ... *oder:* Was unseren Piloten ablenkt

Wir haben festgestellt, dass die weit überwiegende Mehrzahl unserer Kaufentscheidungen unbewusst und damit von unserem Autopiloten getroffen wird. Beim verbleibenden und deutlich kleineren Rest schaltet sich unser »Pilot« ein, der im Neokortex sprich Großhirn sitzt. Hier denken wir nach und wollen es genau wissen. Dementsprechend ist unser »Pilot« langsam, kontrolliert und arbeitet mit erheblichem Aufwand. Doch angesichts einer zunehmenden Flut wird es für unseren Piloten immer schwieriger, fundierte Entscheidungen zu treffen. Denn die Zahl sowohl der Werbebotschaften als auch der Produkte nimmt unaufhaltsam zu.

Die Werbe-Sturmflut

Noch vor zwei Generationen waren die Werbebotschaften verlässlich sowie glaubwürdig und überfluteten uns Verbraucher noch nicht. Es gab wenige Fernsehsender, Radiostationen und Zeitschriften, und jede Stadt hatte eine Tageszeitung. Es gab vergleichsweise wenige Markenartikel, und für diese wurde in den wenigen Medien geworben. In einer solchen Situation war es für unseren Piloten einfach, sämtliche Informationen zu sammeln, zu verarbeiten und auf dieser Basis eine fundierte Kaufentscheidung zu treffen.[7]

Doch die Zeiten haben sich grundlegend gewandelt. Mittlerweile hat die Informationsfülle wirklich ungeahnte Dimensionen angenommen, und ein Ende des Wachstums ist noch lange nicht abzusehen. Heute gibt es unzählige Fernsehkanäle und Radiosender, die uns mit Werbespots geradezu überfluten. Der Durchschnittskonsument ist täglich rund 3.000 Marketing-Botschaften ausgesetzt. Eine normale Ausgabe der Bild am Sonntag enthält heute mehr Informationen als ein Durchschnittsmensch im 17. Jahrhundert im Laufe seines gesamten Lebens präsentiert bekam – glückliche Zeiten.

Angesichts einer derartigen Informationsüberlastung entwickeln mehr und mehr Verbraucher Strategien, um Informationen und in unserem Falle der Werbung auszuweichen. Fernbedienungen machen es uns einfach, Werbespots zu entfliehen, indem wir bequem vom Sofa aus die Fernsehkanäle wechseln. Werbeforscher bezeichnen dieses Phänomen mit Zapping. Der Begriff stammt aus der Gangstersprache und steht für das »Ausknipsen« des Gegners mittels einer Feuerwaffe.

Zipping hingegen bezeichnet die Aufnahme von Filmen und Sendungen auf Video- sowie DVD-Rekordern und ein späteres Überspulen der Werbepausen. Letzteres wird sogar ganz überflüssig durch immer leistungsfähigere Festplattenrekorder, die es ermöglichen, aufgrund spezieller Signale Werbespots bereits während des Aufnahmevorgangs zu überspringen.

Die Werbe-Sturmflut wird noch verstärkt durch eine Welle an Zeitschriften für bestimmte Zielgruppen sowie das Informationsangebot im Internet. Andererseits lesen immer weniger – und hier insbesondere junge Menschen – Tageszeitungen. Also wird es für die Werbetreibenden immer schwieriger, den Konsumenten zu erreichen und davon zu überzeugen, dass er ein bestimmtes Produkt in einem bestimmten Geschäft kaufen soll.

Prospekte und Handzettel sind für die Handelsunternehmen das wichtigste Werbemedium. So gibt der Einzelhandel etwa zwei Drittel seines Werbebudgets für diese Art von Werbung aus. Können Sie schätzen, wie viele Prospekte jede Woche in Deutschland verteilt werden? Es sind rund 400 Millionen Stück, was aufs Jahr gerechnet die unglaubliche Zahl von 20 Milliarden Stück macht. Nicht eingerechnet sind die Prospekte, die nicht verteilt werden, sondern die wir, zum Beispiel bei den Discountern, nur im Laden selbst mitnehmen können.

Das Wichtigste am Prospekt ist das Deckblatt. Das Deckblatt muss uns Lust machen, das Prospekt durchzublättern. Wenn das nicht der Fall ist, wird das Prospekt zur Seite gelegt. Und trotz des schlechten Images wirken Prospekte und Handzettel auf uns Kunden gar nicht mal so schlecht: Über die Hälfte der Kunden sagt, dass sie Produkte wegen einer Prospektwerbung gekauft haben, und noch etwas mehr Kunden stufen Prospekte als eine glaubwürdige Informationsquelle ein. So hat es das Horizont-Kommunikationsbarometer im Jahr 2000 ermittelt.

Aber die werbenden Unternehmen müssen auch aufpassen: Manche Kunden reagieren auf allzu eindringliche Werbung mit Reaktanz. Mit diesem Fremdwort bezeichnet der Marketingexperte ein Verhalten des Kunden, der nun gerade das Gegenteil dessen macht, was das Handelsunternehmen erreichen wollte. Reaktanz ist also »jetzt erst recht nicht!«. Mit einem Experiment konnte die Reaktanz der Kunden gut nachgewiesen werden: Versuchsteilnehmer bekamen einen Geldbetrag, um einkaufen zu gehen. Kunden, die nichts weiter gesagt bekamen, kauften zu einem Viertel eine bestimmte Brotsorte. Bei den Kunden, denen dezent empfohlen worden war, ein bestimmtes Brot zu kaufen, hatten sieben von zehn das Brot im Einkaufswagen. Bei den Kunden, die sehr eindringlich darauf hingewiesen worden waren, dass sie das bestimmte Brot kaufen sollten, kaufte nur jeder zweite das Brot.

Prospekte und Handzettel sind das wichtigste Werbemedium für den Handel. Viele Kunden achten auf sie.

Auswege aus der Werbeendlosschleife

Wahrscheinlich machen Sie es so wie die meisten Verbraucher, die von der Werbeflut genervt sind: Sie greifen zum vermeintlich einfachsten Mittel und wählen Ablage P wie Papierkorb. Doch so kommen Sie nie aus der Werbeendlosschleife heraus. Wie Sie sich unerwünschte Werbung systematisch und für immer vom Hals schaffen, vermitteln wir Ihnen auf den folgenden Seiten:[8]

Bringen Sie zunächst einen Aufkleber »Bitte keine Werbung« an Ihrem Briefkasten an. Dann sind Sie in Zukunft zunächst einmal alle Werbesendungen, die nicht persönlich an Sie adressiert sind, los. Hierzu zählen Prospekte und Handzettel, nicht aber kostenlose Anzeigenblätter. Denn diese haben einen sogenannten redaktionellen Teil und fallen demnach nicht unter Werbung. Deshalb raten Verbraucherschützer dazu, einen Zusatz anzubringen mit dem Hinweis »Bitte keine regionalen Wochenblätter« oder noch besser »Bitte keinen Einwurf von Wochenblatt XY«. Einziger Nachteil: Dafür gibt es keine vorgedruckten Aufkleber, Sie müssen diesen selbst erstellen. Ihrer künstlerischen Fantasie sind also keine Grenzen gesetzt.

Machen Sie es wie Robinson Crusoe!

Wenn Sie von unerwünschter Werbung – sei es per Post, Fax, Telefon, SMS oder E-Mail – gänzlich die Nase voll haben, dann machen Sie es wie Robinson Crusoe: Ziehen Sie sich auf eine einsame (also werbefreie) Insel zurück. Doch langsam: Um sich vor unerwünschter Werbung zu schützen, müssen Sie nicht unbedingt Schiffbruch erleiden, sondern sich nur kostenlos in die sogenannte Robinsonliste aufnehmen lassen. Den entsprechenden Aufnahmeantrag finden Sie auf der Homepage des Deutschen Dialogmarketing-Verbandes in Wiesbaden: www.ichhabediewahl.de

Die Robinsonliste gibt es seit 1971 und wird von den Branchenverbänden der Direktmarketing treibenden Unternehmen sowie des Verbraucherschutzes geführt. Die in diesen Branchenverbänden organisierten Unternehmen verpflichten sich, dem Wunsch der registrierten Verbraucher nach Werbefreiheit nachzukommen und in keiner Form kommerziell Kontakt zu ihnen aufzunehmen. Seriöse Unternehmen gleichen ihre Datenbestände immer wieder mit den Robinsonlisten ab, um darüber informiert zu sein, welche Verbraucher nicht mehr beworben werden möchten. Aber eben nur seriöse Unternehmen.

Wenn Sie sich auf der Robinsonliste registrieren lassen wollen, haben Sie die Qual der Wahl: Sie können entweder die Rubrik »keine Werbung« ankreuzen. Oder Sie wählen aus 13 verschiedenen Kategorien diejenigen Produkt- und Themenkreise aus, über die Sie in Zukunft keinesfalls mehr informiert werden wollen. Dies ist nützlich, falls Sie zwar keine Werbebriefe von Reiseunternehmen und Lottogesellschaften haben möchten, aber an Werbung für Bücher, Musik und Mode weiterhin interessiert sind.

Der Eintrag in die DDV-Robinsonliste ist für Verbraucher kostenlos. Achtung: Es gab in der Vergangenheit Betrüger, die unter Verwendung des DDV-Antragformulars Verbrauchern Gebühren in Rechnung gestellt haben. Der DDV ist dagegen gerichtlich vorgegangen. Sollte Ihnen jemand die Eintragung in die DDV-Robinsonliste in Rechnung stellen, informieren Sie bitte die DDV-Geschäftsstelle (info@ddv.de).

Dass die werbetreibenden Unternehmen die Robinsonliste nicht ganz freiwillig eingerichtet haben, sondern mit dieser Selbstbeschränkung vermeiden wollten, dass der Gesetzgeber noch strengere Regelungen einführte, können Sie schon am Namen erkennen. Der Name »Robinsonliste« wurde in Anlehnung an die Geschichte der von Daniel Defoe geschaffenen Romanfigur des Robinson Crusoe gewählt, der viele Jahre ohne Verbindung zur Außenwelt einsam auf einer abgelegenen Insel verbrachte. Und der Name soll suggerieren, dass es Ihnen genauso gehen wird, wenn Sie in Zukunft keine Werbung mehr erhalten: Sie werden abgeschnitten von der Umwelt in Ihren vier Wänden dahindarben.

Die Robinsonliste verschafft Ihnen die Möglichkeit, viel Werbepost zu verhindern. Dabei können Sie aber gleichzeitig auch Einfluss darauf nehmen, welche Werbung Sie weiterhin erhalten wollen.

Wie kommen Unternehmen überhaupt an Ihre Daten?

Das Geschäft mit Adress- und Bankdaten brummt nach Ansicht des Chaos Computer Clubs (CCC) wie nie zuvor. Nach Schätzungen der Hamburger Computerspezialisten gibt es etwa 60 Millionen Adressen in Deutschland. Und bis auf einen kleinen Teil dürften alle auf dem Markt sein. Eine Teilnahme an einem Gewinnspiel, eine Katalogbestellung oder ein Vertragsabschluss und einige Angaben über Wohnort, Geschlecht und Alter – und schon sind Sie mittendrin im Strudel des Adresshandels. Und ab jetzt handeln diverse Adressbroker mit Ihren Datensätzen.[9]

Informationen über Alter, Ausbildung und Beruf, Kaufkraft, Hobbys und Interessen werden auf unterschiedliche Weise gewonnen. Vor allem Preisausschreiben, Kunden- und Haushaltsbefragungen sowie ähnliche Aktionen dienen oft nur einem einzigen Zweck: wirtschaftlich nutzbare Daten der Teilnehmer zu gewinnen. Auch Kundenbindungsprogramme und Rabattsysteme haben häufig nur dieses Ziel. Als weitere Adressquellen dienen Branchen- und Adressbücher, wobei die meisten dieser Bücher auch elektronisch verfügbar sind. Ebenso interessant sind Listen von Teilnehmern an Kongressen und ähnlichen Veranstaltungen.

Sind Ihnen in den großen Hauptbahnhöfen schon mal die schicken Luxuskarossen aufgefallen? Mal ist es ein Sportwagen von Mercedes, mal ein Cabrio von Audi oder andere teure Schlitten, die dort blitzblank poliert in den Bahnhofshallen stehen. Und Sie können es gewinnen! Was Sie dafür tun müssen? Nichts, außer dass Sie eine Karte mit Ihrer Adresse durch das wenig geöffnete Wagenfenster ins Innere werfen. Und nun ahnen Sie bereits, worum es geht: Sinn und Zweck ist einzig und allein, an »frische« Adressen zu kommen. Der Adresshändler, der so die Adressen sammelt, verdient Geld damit, denn im Gegensatz zu Adressen aus Telefonbüchern oder anderen Listen steht hier fest, dass es den Kunden wirklich gibt. Wenn Sie an dem »Gewinnspiel« teilnehmen, ist übrigens Ihr Geburtstag Ihre »Glücksnummer«, die Sie auf der Karte eintragen müssen – und schon weiß der Adresshändler auch, wie alt Sie sind. Und dann müssen Sie die Gewinnkarte auch unterschreiben, damit der Gewinn auch wirklich an Sie ausgegeben werden kann, wenn Sie gezogen werden. Und ganz nebenbei haben Sie auch folgenden kleingedruckten Passus unterschrieben: »Ja, ich wünsche mir telefonisch oder schriftlich weitere Informationen rund um die Themen Lifestyle, Medien, Urlaub … Dies bestätige ich mit meiner Unterschrift.«

Zahlreiche Werbende greifen darüber hinaus auf Adressbestände anderer Unternehmen zurück. Denn diese machen gewissermaßen als Nebenprodukt ihre Kunden- oder Mitgliederadressen zu Geld. Das gilt beispielsweise für Versandhandelsunternehmen. Aufgrund langfristiger Geschäftsbeziehungen mit ihren Kunden können sie zahlreiche Adressen anbieten, geordnet nach werberelevanten Informationen über Kauf- und Zahlungsverhalten. Hier kann es sich für Sie lohnen, das Kleingedruckte genau zu studieren und der Weitergabe Ihrer Daten zu widersprechen.

Auf den Punkt gebracht: Sie selbst können weitgehend selbst beeinflussen, wie viele Werbebriefe Sie erhalten. Denn die meisten Daten, die für Werbezwecke genutzt werden, werden von den Betroffenen selbst in Umlauf gebracht. Wenn Sie keine Werbung wollen, sollten Sie bei der Weitergabe Ihrer Daten äußerst zurückhaltend sein.[10]

Vorsicht bei Gewinnspielen: Nicht selten werden sie durchgeführt, damit Unternehmen Ihre aktuelle Adresse gewinnen können.

Ein Selbstversuch

Sie sollten bei Gewinnspielen, Katalogbestellungen und Vertragsabschlüssen immer darauf achten, ob Ihre Daten an Dritte weitergegeben werden dürfen. Denn auf diesem Weg beschaffen sich Unternehmen ganze Adressdatensätze, die sie dazu verwenden, um neue Kunden zu gewinnen. Um die Ausmaße einer solchen Adressweitergabe einmal nachzuvollziehen, empfehlen wir einen Selbstversuch: Bestellen Sie einen Katalog oder nehmen Sie an einem Gewinnspiel teil. Bei der Angabe Ihrer Adresse fügen Sie zwischen Ihrem Vor- und Nachnamen einen willkürlichen Buchstaben ein. Nehmen wir mal an, dass Sie beispielsweise »Christian Müller« heißen. Dann schreiben Sie einfach mal »Christian O. Müller« beim Gewinnspiel. Und das machen Sie nur ein einziges Mal. Jetzt können Sie genau nachvollziehen, welche der bei Ihnen zukünftig eingehenden persönlich adressierten Werbebriefe auf diese eine Adressangabe zurückzuführen sind. Und wir versprechen Ihnen: Sie werden sich wundern, welche Kreise die Weitergabe Ihrer Adresse ziehen wird und wie viel Werbepost an Christian Müller mit dem O dazwischen im Briefkasten landet.

Leider kein Trost: Die klassische Werbung verliert an Bedeutung. Heute treffen wir die meisten Entscheidungen erst im Geschäft, oder wir werden dort zumindest stark beeinflusst.

Informationsüberlastung am Point-of-Sale

Wir treffen unsere Einkaufsentscheidungen zunehmend vor Ort. Doch hier, im Einkaufsdschungel, den Überblick zu behalten, ist leichter gesagt als getan. Denn wir werden mit einem ständig wachsenden Produktangebot konfrontiert, das immer schneller wechselt. In den letzten zehn Jahren ist die Zahl der Artikel um rund 130 % gestiegen. Während Discounter wie ALDI und Lidl rund 1.000 verschiedene Produkte führen, sind es in großflächigen Betriebstypen wie Verbrauchermärkten und SB-Warenhäusern mittlerweile bis zu 63.000 unterschiedliche Artikel.

Gleichzeitig hat sich die Dauer, die ein durchschnittliches Produkt am Markt überlebt, um rund 80 % verkürzt. Und sämtliche einschlägige Studien belegen, dass nur eine Minderheit an Neuprodukten am Markt erfolgreich ist. Rund 70 % der im Lebensmitteleinzelhandel neu eingeführten Markenartikel scheitern. Ähnlich hoch liegen die Flopraten bei Handelsmarken.

Wir müssen uns auf immer mehr, aber auch auf immer häufiger wechselnde Produkte einstellen.

Immer mehr Produkte – warum eigentlich?

Der immer stärker anschwellende Strom an (vermeintlich?) neuen Produkten hat mehrere Ursachen. Zunächst nimmt die Zahl der Produktvarianten bei Markenartikeln ständig zu. Nachvollziehen lässt sich diese an einem so bekannten Produkt wie NIVEA.

Vor 100 Jahren, als die »Schneeweiße« (das bedeutet das lateinische Wort »nivea«) das Licht der Welt erblickte, hätte wohl niemand im Hause Beiersdorf vermutet, dass sich daraus eine Markenfamilie mit mehr als 500 verschiedenen Produkten entwickeln würde. Unter dem NIVEA-Markendach sind mittlerweile Produktlinien wie NIVEA Visage (seit 1993), NIVEA Vital (1994), NIVEA Beauté (1997), NIVEA Hair Care (1991), NIVEA for Men (1986), NIVEA Sun (1993), NIVEA Hand (1998), NIVEA body (1992), NIVEA Bath Care (1996) und NIVEA Deo (1991) angesiedelt. Dass hier kaum noch einer durchblickt, hat mittlerweile auch Beiersdorf erkannt. Die Zahl der Produktlinien soll drastisch reduziert werden.

Verschärfend hinzu kommt die Markeninflation durch Handelsmarken und Me-too-Produkte. Im Gegensatz zu Markenartikeln, die von den Produzenten konzipiert und geführt werden, übernehmen bei Handelsmarken – wie der Name schon sagt – Handelsunternehmen diese Aufgaben. Man spricht in diesem Zusammenhang auch von den Eigenmarken des Handels bzw. von Privaten Labels. Deren Anteil im Lebensmitteleinzelhandel beläuft sich mittlerweile auf 43 % mit steigender Tendenz.

Me-too-Produkte sind Produkte, die bei Erfolg des Erstanbieters auf den Markt kommen und die dem Originalprodukt in fast allen Eigenschaften ähneln. Beispielsweise können oder müssen wir uns zwischen der Herstellermarke Ramazotti, einem italienischen Kräuterlikör, mit einem Durchschnittpreis von ca. 12 €, und Romanzini, dem vergleichbaren Me-too-Produkt von ALDI Süd, zu einem Preis von 5,99 € entscheiden. Damit signalisieren uns Me-too-Produkte: »Wenn du dies möchtest, dann kannst du auch mich bei vergleichbarer Qualität zu einem günstigeren Preis nehmen.« Warum also sollen wir weiterhin das teurere Markenprodukt kaufen?

Der Boom von Me-too-Produkten lässt sich auf zwei Gründe zurückführen: Zum einen führen knappe und gekappte Investitionsetats bei den Herstellern dazu, dass erfolgreiche Produkte kopiert werden. Denn im Regelfall ist ein Betrag in zweistelliger Millionenhöhe erforderlich, um einem Produkt zum Durchbruch im Markt zu verhelfen. Zum anderen können Me-too-Produkte auf der Erfolgswelle eines tragfähigen Trends mitschwimmen, wenn sie früh genug am Image des Ursprungsprodukts teilnehmen. Nach Ansicht von Experten führt dies dazu, dass die Gewinnspanne bei Me-too-Produkten und Handelsmarken im Durchschnitt um 2 bis 4 % über derjenigen von vergleichbaren Markenartikeln liegt. Und das bei günstigeren Preisen!

Gleichzeitig schwindet unser Vertrauen in Marken. Nicht dass Markenartikel für uns völlig wertlos geworden wären. Aber die Markenbindung ist lange nicht mehr so eng wie noch vor einigen Jahren. Während unsere Großmütter noch auf Produkte wie Persil oder Weißer Riese schworen und nichts anderes an ihre geheiligte Wäsche kommen ließen, wechseln wir je nach Sonderangebot häufiger zwischen den Produkten und greifen auch einmal zu einer Handelsmarke wie Tandil von ALDI.

Die zunehmende Zahl der Produktvarianten bei Markenartikeln sowie die Markeninflation durch Handelsmarken und »Me-too«-Produkte erschweren es uns zunehmend, den Überblick über das Warenangebot zu behalten.

Denkschablonen – Fluch und Segen

Um schnelle Entscheidungen bei gleichzeitig ausuferndem Produktangebot treffen zu können, bedient sich unser Pilot – wie bereits ausgeführt – sogenannter Denkschablonen. Der Psychologe spricht in diesem Zusammenhang von Heuristiken. Das sind Handlungsregeln, die uns meist nicht vollständig bewusst sind, die uns aber in vielen Fällen helfen, uns schnell und richtig zu entscheiden. Beispielsweise nehmen wir selektiv war. Wir ignorieren unwichtige Informationen automatisch. So spielt es für einen dünnen Menschen keine Rolle, wie viele Kalorien eine Durchschnittsportion eines bestimmten Produkts enthält. Dementsprechend beachtet er diese Informationen auf der Verpackung nicht.

Kennt aber das Gegenüber unsere Heuristiken, sind wir anfällig für Manipulationen. Dies wollen wir anhand der Heuristiken Attributdominanz, Irradiation und Halo-Effekt einmal beleuchten.

Die Attributdominanz

Im Falle der Attributdominanz schließen wir von einer uns wichtig erscheinenden Eigenschaft des Produkts auf die gesamte Qualität. Zu solchen Schlüsselinformationen zählen Markennamen (Was aus dem Hause Henkel kommt, war schon immer gut!), Bewertungen von Testeinrichtungen wie der Stiftung Warentest und der Preis.

In letzterem Fall schließen wir vom Preis auf Qualität eines Produkts. Wir glauben: Je höher der Preis, desto besser die Qualität. Volksweisheiten wie »Qualität hat ihren Preis« oder »Was nichts kostet, ist nichts wert« dienen uns dazu, uns im Konsumdschungel schnell und ohne allzu große geistige Kraftanstrengungen zurechtzufinden. Doch stimmt diese Regel?

In einer umfangreichen Studie wurde der Frage nachgegangen, inwieweit Kunden mit preisgünstigen Produkten befriedigende Kaufresultate erzielen können. Zugrunde gelegt wurden mehr als 10.000 Einzelprodukttests der unabhängigen Stiftung Warentest.

Dabei lässt sich feststellen, dass sich in den letzten 25 Jahren die Produktqualität der jeweils billigsten Artikel einer Warenkategorie deutlich gebessert hat. Der Trend zur Qualitätsangleichung zwischen billigen und teuren Konsumartikeln hält weiterhin an. Für nahezu jede zweite Produktart (49 %) konnte in jüngerer Zeit kein Qualitätsunterschied zwischen dem teuersten und dem preisgünstigsten Artikel ausgemacht werden. Vor 25 Jahren galt dies nur für jede dritte Produktart (genau: 35 %).

Was bedeutet das für uns? Heutzutage lässt sich zwischen Preis und Qualität keine systematische Beziehung mehr nachweisen. Offenbar ist der Preis bei deutschen Konsumartikeln des 21. Jahrhunderts ein schlechtes Indiz für Qualität. Die verbreitete Überzeugung, dass wir mit einem teureren Produkt auch eine entsprechend bessere Produktqualität erwerben, ist wissenschaftlich nicht zu belegen und in vielen Fällen falsch. Der Erwerb teurer Produkte widerspricht unserer ökonomischen Vernunft. [11]

Teurere Produkte sind im Regelfall nicht die besseren Produkte.

Der Irradiationseffekt

Als weitere Denkschablone dient uns die Irradiation: Hierbei schließen wir von einer Eigenschaft eines Produkts (etwa der Farbe eines Lebensmittels) auf eine andere (z. B. den Geschmack). So beeinflussen zum Beispiel Farben unser Geschmacksempfinden. Ein grünes Bonbon schmeckt uns saurerer und frischer als ein gleichwertiges rotes Bonbon. Ein blass erscheinendes Lebensmittel schmeckt uns fader als ein leuchtendes. Auch bei Marken schließen wir vom bekannten Markenlogo auf der Packung darauf, dass die Qualität bei dem Produkt stimmt. Den Irradiationseffekt machen sich Anbieter zunutze, was dazu führt, dass uns auch diese Denkschablone meistens in die Irre führt.

Wenn wir von einer Eigenschaft auf eine andere schließen, führt dies nicht selten zu Fehlentscheidungen.

Der Halo-Effekt

Wenn es schnell und mit überschaubarem Aufwand gehen soll, orientieren wir uns des Weiteren nach dem Heiligenschein. Im Englischen bedeutet das Wort »halo« Heiligenschein. Der Halo- bzw. Heiligenschein-Effekt beschreibt das Phänomen, dass wir von einem bereits gefällten Urteil auf sämtliche Eigenschaften eines Gegenstandes schließen. Haben wir mit einem Produkt einer Markenfamilie (etwa NIVEA Body Lotion) gute Erfahrungen gesammelt, gehen wir davon aus, dass sämtliche Produkte mit dem

Namen Nivea qualitativ hochwertig sind. Dies erleichtert und beschleunigt zukünftige Entscheidungen.

Und wenn wir in den Prospekten eines Supermarkts einige Sonderangebote sehen, schließen wir daraus, dass dort sämtliche Artikel günstig sind. Wir kaufen dort dann die von uns benötigten Produkte, unseren Warenkorb, und achten dabei gar nicht mehr auf den Preis jedes einzelnen Produkts.

Dieses vereinfachte Denken machen sich Handelsunternehmen durch die sogenannte Mischkalkulation zunutze. Will ein Unternehmen erfolgreich sein, kann es normalerweise nicht sämtliche Produkte günstiger als die Konkurrenz anbieten. Deshalb stellt es in seinen Prospekten die Preisgünstigkeit bestimmter Artikel heraus. Die wenigsten von uns haben aber weder Zeit noch Lust, ein Produkt-Picking zu betreiben, d. h. von Einkaufsstätte zu Einkaufsstätte zu wandern und dort jeweils nur die Sonderangebote zu erwerben.

Wir neigen vielmehr zum One-Stop-Shopping, indem wir unseren gesamten täglichen Bedarf an Waren in einer Einkaufsstätte decken wollen. Deshalb bieten Unternehmen die Produkte, die nicht in der Werbung und damit nicht im Preisfokus stehen, teurer an. Und am Ende kommt es dann zum Nullsummenspiel: Das, was wir bei einigen Produkten in unserem Einkaufswagen gespart haben, haben wir bei anderen Produkten mehr ausgegeben. In diesem Fall entpuppt sich der Heiligenschein als Teufelsfratze.

Um schnelle Entscheidungen bei Informationsüberlastungen treffen zu können, bedienen wir uns Heuristiken. Zu diesen Denkschablonen gehören Attributdominanz, Irradiationseffekt und Halo-Effekt. Doch auch die Anbieter kennen unsere Denkschablonen und nutzen sie systematisch, um uns ihre Produkte zu verkaufen. Heuristiken schaden uns demnach häufiger, als sie uns von Nutzen sind.

Eine kurze Zwischenlandung

Halten wir an diesem Punkt kurz inne und vergegenwärtigen uns, was wir bisher festgestellt haben: Beim Einkaufen handeln wir keinesfalls so rational, wie wir immer glauben. Vielmehr werden unsere Informationsverarbeitung und Entscheidungsfindung von einem Autopiloten, der im Zwischenhirn sitzt, und einem Piloten, der im Großhirn seinen Platz hat, gesteuert.

Der Autopilot agiert mehr oder minder unterbewusst, fällt den Großteil unserer Entscheidungen und hat sich im Laufe der Menschheitsgeschichte entwickelt. Er entscheidet schnell und mit wenig Aufwand und orientiert sich an den Motiven Balance, Dominanz und Stimulanz. Diese sind bei jedem von uns unterschiedlich stark ausgeprägt. Männer tendieren jedoch grundsätzlich zu Dominanz, Frauen zu Stimulanz. Mit zunehmendem Alter kommt bei beiden Geschlechtern das Balancemotiv stärker zum Tragen.

Der Pilot übernimmt in Ausnahmefällen die Steuerung. Er handelt langsam, mit viel Aufwand und überlegt. Dabei steht er zunehmend vor dem Problem, infolge der ausufernden Werbeflut und Produktinflation sämtliche Informationen aus der Umwelt zu verarbeiten. Deshalb bedient er sich sogenannter Heuristiken. Solche Denkschablonen vereinfachen und beschleunigen unsere Entscheidungsfindung.

Die Anbieter haben unser Cockpit jedoch über Jahrzehnte hinweg systematisch erforscht und wissen genau, wie wir funktionieren. Sie senden nunmehr Störsignale an unsere für sie gläserne Schaltzentrale, was dazu führt, dass wir nicht dorthin fliegen, wohin wir wollen, sondern in die Richtung umgeleitet werden, welche die Anbieter für uns vorgesehen haben. Wir kaufen also nicht das, was wir geplant haben oder tatsächlich benötigen. Vielmehr landet im Einkaufswagen das, was die Anbieter wollen.

Um genauer zu beleuchten, warum wir mehr und/oder anderes einkaufen, als wir eigentlich beabsichtigt haben, machen wir uns nun auf zum Besuch eines typischen Supermarkts. An den einzelnen Stationen werden wir erkennen, welche Störsignale die Geschäftsbetreiber und Produzenten an uns senden und wie wir diesen ausweichen können.

Im Supermarkt – Jetzt sitzen Sie in der Falle!

Eigentlich wollen wir nur unseren täglichen Bedarf decken. Aber egal, was wir tun – sobald wir im Supermarkt sind, ist nichts mehr dem Zufall überlassen. Das fängt schon beim Einkaufswagen an …

Kurze Geschichte des Einkaufswagens

Heutzutage gilt der Einkaufswagen als janusköpfiges Symbol einer konsumorientierten Gesellschaft: Einerseits steht er für Wohlstand, Konsum und Selbstbedienung, andererseits für Armut und Obdachlosigkeit, weil er den Außenseitern als fahrbarer Untersatz und mobile Heimstatt dient. Doch wo liegt der Ursprung des Einkaufswagens?

Beim US-amerikanischen Kaufmann Sylvan Goldman reifte mit den Jahren die Erkenntnis heran, dass die Kunden seines Supermarktes in Oklahoma City mehr einkaufen könnten, wenn sie beide Hände frei hätten und er ihnen mehr als nur einen Tragekorb zur Verfügung stellen würde. Die Anstellung von Schülern, die den Kunden die vollen Tragekörbe abnehmen und im Tausch gegen einen neuen leeren Korb zur Kasse tragen, war da nur die erste Idee. Im Jahr 1937 bastelt der clevere Geschäftsmann in Anlehnung an seinen rollenden Bürostuhl einen Metallrahmen auf vier Rädern, in den sich zwei Drahtkörbe übereinander einhängen ließen: Der Einkaufswagen war geboren.

Doch am Anfang zündete die Idee überhaupt nicht: Die Frauen fühlten sich an einen Kinderwagen erinnert. Und die Männer waren in ihrer Ehre gekränkt, da sie den Eindruck hatten, man traue ihnen das Tragen der Ware nicht mehr zu. Erst als Goldman Statisten einsetzte, die in seinem Laden umhergingen und wie selbstverständlich den Einkaufswagen benutzten, nahm die Kundschaft langsam den neuen Service an. Ein Landsmann von Goldman, Orla E. Watson, griff dessen Idee auf und entwickelte den Einkaufswagen zum Telescoping Shopping Cart weiter. Er baute ihn so um, dass man fortan mehrere Exemplare platzsparend ineinanderschieben konnte. Außerdem wurde der Nachlauf der Räder vergrößert, wodurch die Richtung beim Schieben stabilisiert wurde.

Der Sprung über den Atlantik

Erst nach dem Zweiten Weltkrieg begann der Einkaufswagen mit den eingehängten Körben auch in Deutschland zu rollen. Der aus dem Sudetenland vertriebene Geschäftsmann Rudolf Wanzl betrieb im bayerischen Leipheim eine kleine Wagenbauwerkstatt. Er erkannte als einer der Ersten das Potenzial der langsam aufkommenden Selbstbedienung im Einzelhandel.[12] Deshalb lies er sich im Jahr 1951 einen Einkaufswagen mit festem Drahtkorb patentieren. Dieser Urtyp des germanischen Einkaufswagens wurde seither immer wieder aktuellen Entwicklungen angepasst und in seiner Variantenvielfalt erweitert, aber nie wesentlich verändert. Der hierbei verwendete Drahtkorb bietet zwei wesentliche Vorteile: Er spart nicht nur Material bei der Herstellung, sondern ermöglicht es dem Kassenpersonal auch, den Inhalt des Einkaufswagens ganz einsehen zu können.

Der Wanzl-Einkaufswagen entwickelte sich zu einem Exportschlager und eroberte die Welt. Heute ist Wanzl der weltweit größte Hersteller von Einkaufswagen. Von den rund 50 Mio. Einkaufswagen, die durch die Handelsunternehmen rund um den Globus chauffiert werden, kann Wanzl von sich behaupten, knapp die Hälfte produziert zu haben. Und jedes Jahr kommen 2 Mio. neue hinzu. Das Korbvolumen variiert zwischen 22 l für den schnellen Einkauf im Drogeriemarkt und 315 l für schwere Lasten, die dem Kunden etwa im Baumarkt das Leben leichter machen sollen.

Im Laufe der Jahre wurde der Einkaufswagen mittels diverser Zusatzausstattungen aufgerüstet: ein Bodenrost unter dem Korb als Ablagefläche für Getränkekartons, Toilettenpapier oder Windeln; eine Schlaufe vorne für die Tragetasche; ein Zusatzbrett für die Bierkiste, damit auch der Mann gerne einkaufen geht; ein Kindersitz oder eine Babyschale, um das Einkaufen mit kleinen Kindern zu vereinfachen und den Eltern mehr Spielraum zum Einkaufen zu verschaffen. Mittlerweile stellt Wanzl rund 100 verschiedene Einkaufswagentypen her. Für jeden Einkauf, ob für Lebensmittel, Getränkekisten, Baumarktartikel, Gartenbedarf oder anderes, steht immer eine komfortable Transporthilfe in Form eines entsprechenden Einkaufswagens zur Verfügung. Selbst die Porsche-Fahrerin im feinen Kostüm kann ihre luxuriösen Kosmetikartikel in einem Einkaufswagen chauffieren.

Das Leben eines Einkaufswagens

Für die Herstellung eines Einkaufswagens werden nur 12 Minuten reine Produktionszeit und rund 90 m Draht benötigt. Im Vergleich mit uns Menschen ist das Leben eines Einkaufswagens kurz, intensiv und manchmal auch gefährlich. Die rollende Transporthilfe legt im Laufe ihres Lebens die Strecke von der Erde bis zum Mond zurück und findet nach durchschnittlich acht Jahren ihr Ende in der Stahlschmelze. Die Recyclingquote beträgt beachtliche 72,2 %.

Im Laufe der Zeit wurden immer mehr Einkaufswagen gekidnappt und ihren Eigentümern nicht mehr zurückgebracht. Deshalb sahen sich die Supermarktbetreiber gezwungen, Schüler zu engagieren, welche die Einkaufswagen in der Umgebung der Märkte einsammelten und an ihren Bestimmungsort zurückbrachten.

Doch auch jetzt kehrten unzählige Einkaufswagen nicht mehr in den Supermarkt zurück, sondern wurden als Grill oder modisches Möbelstück zweckentfremdet, fanden ihre Bestimmung als Abfall in der Landschaft, in Flüssen und Seen oder wurden Opfer von Vandalismus. Deshalb versuchte man, durch Einbehalt eines Geldbetrages als Pfand den Kunden dazu zu bewegen, den Wagen selbst wieder zurückzubringen. Schließlich führte man das Münzsystem im Zusammenspiel mit der Sperrkette ein. Das Pfand soll die Kunden dazu bewegen, ihren Einkaufswagen zurückzubringen. Die allgegenwärtigen Einkaufschips, mit denen man das Pfandschloss ebenfalls aufsperren kann und die beliebte Werbegeschenke sind, haben die Absicht der Handelsunternehmen aber unterlaufen. Diese Chips sind dünner als offizielle Münzen, da es gesetzlich verboten ist, Chips mit gleichem Durchmesser und gleicher Dicke wie Münzen herzustellen und zu vertreiben.

Immer ein bisschen zu groß

Heute gehört der Einkaufswagen zum Standardrepertoire eines jeden Supermarktes – auf Wunsch auch mit Kindersitz und Extraablage. Hierzulande sind es zwischen 80 bis 120 Einkaufswagen je Markt, zu Weihnachten und Ostern ein paar mehr. Der Konsument bringt es auf durchschnittlich 50 Stunden, in denen er einen Einkaufswagen vor sich herschiebt. Interessanterweise sind die Einkaufswagen auf der Welt unterschiedlich groß. In Nordeuropa sind sie größer als in Deutschland, in Südeuropa hingegen kleiner. In den USA gibt es mit 400 l Volumen die größten Einkaufswagen der Welt, und die Japaner kommen mit den kleinsten Wägelchen zurecht.

Die unterschiedlichen Größen dürften sich auf zwei Gründe zurückführen lassen: Je häufiger eine Nation einkauft, desto kleiner können die Einkaufswagen dort sein. Und je teurer die Grundstückspreise und je kleiner demnach die Geschäfte sowie ihre Flächen sind, desto schnittiger müssen die Einkaufshilfen sein. Aber trotz der Größenunterschiede haben alle Einkaufswagen auf der Welt eines gemeinsam: Sie sind im Laufe der Zeit immer größer geworden.

Die gähnende Leere eines großen Einkaufswagens setzt uns unterbewusst unter Kaufdruck. Der Durchschnittseinkauf von zehn Artikeln sieht in den großen Behältnissen viel zu klein aus; uns beschleicht das Gefühl, dass da doch noch etwas fehlen muss, und so fühlen wir uns animiert, den Wagen weiter zu füllen. Zu groß dürfen die Einkaufswagen aber auch nicht sein: Hat der Kunde das Gefühl, dass er diesen riesengroßen Einkaufswagen sowieso nicht voll bekommt, stoppt er das Einkaufen. Außerdem muss er den Einkaufswagen bequem und ohne Kollision mit entgegenkommenden oder parkenden Fahrzeugen durch die Einkaufsschluchten manövrieren. Es braucht also die ideale Größe, die abhängig von der Größe des Supermarktes und des Sortiments ist. Deshalb gibt es in Handelsunternehmen unterschiedlicher Größe auch unterschiedlich große Einkaufswagen, die aber alle eines gemeinsam haben: Sie sind immer ein bisschen größer als nötig.

Zusätzlich ist die Grundfläche eines jeden Einkaufswagens angeschrägt und fällt zum Kunden hin ab. So rollen einige Produkte in Richtung des schiebenden Kunden und damit aus seinem Blickfeld. Und weil sie auch noch etwas tiefer liegen, sieht der Einkaufswagen weniger gefüllt aus.

Große Einkaufswagen mit schrägem Boden verleiten dazu, mehr einzukaufen, weil sie das Eingekaufte weniger erscheinen lassen.

Oberstes Gebot: Bequemlichkeit

Aber damit ist die Raffinesse heutiger Einkaufswagen noch nicht am Ende: Die Rollen moderner Einkaufswagen sind so konstruiert, dass sich der Einkaufswagen umso einfacher schieben und manövrieren lässt, je voller der Warenkorb gefüllt ist. Wir Kunden nehmen das unterbewusst war und laden viele Sachen in den Einkaufswagen, damit wir leichter schieben können. [13]

Aber nicht nur die Tatsache, dass wir mehr einkaufen können, spricht für große Einkaufswagen. Auch dass wir mit den großen Einkaufswagen in den engen Gängen immer langsamer werden, kommt den Supermarktbetreibern entgegen: Denn je langsamer wir sind, desto eher erblicken wir weitere Produkte, die wir dann schnell in unseren Einkaufswagen wandern lassen.

Was sollen die Nummern in den Einkaufswagen?

Ist Ihnen schon einmal aufgefallen, dass bei manchen Lebensmittelketten eine Nummer auf dem Boden des Einkaufswagens eingraviert ist? Haben Sie eine Ahnung, was die Nummer zu bedeuten hat? Nein, die Nummer ist nicht Folge einer neuen EU-Richtlinie, die eine Kennzeichnungspflicht für Einkaufswagen vorsieht. Die auf dem Boden eingestanzte Nummer hat nichts mit dem Einkaufswagen als solchem zu tun, sondern soll Kundendiebstähle verhindern. Bevor der Mitarbeiter an der Kasse den Einkauf abkassieren kann, muss er die Nummer des Einkaufswagens eingeben. Dadurch wird er auf jeden Fall alle Artikel wahrnehmen und abkassieren, die auf dem Boden des Einkaufswagens liegen. Auch der teure kanadische Wildlachs, der in seiner flachen Packung unter dem Sack Kartoffeln liegt, wird so nicht vergessen. Das verhindert absichtliche und unabsichtliche Kundendiebstähle.

Zukunftsmusik schon heute

Der Einkaufswagen ist noch lange nicht am Ende seiner Entwicklung angelangt. In den Filialen des Lebensmittelhändlers Wakefern gibt es Einkaufswagen, die über ein Funknetzwerk auf den Zentimeter genau bestimmen, welche Wege der Kunde geht und vor welchem Regal er wie lange stehen bleibt. So ist nicht nur eine genaue Analyse der Kundenwege möglich, sondern auch die richtige Werbung zu richtigen Zeit: Denn ein Display am Einkaufswagen zeigt vor dem jeweiligen Regal die passenden Werbespots. Einzige Schwäche: Falls der Kunde seinen Einkaufswagen parkt und ohne ihn den Weg zur Ware zurücklegt, wird das System hinters Licht geführt.

Auch in einem Ingolstädter Supermarkt hat die Zukunft schon begonnen. Am Griff des Einkaufswagens befindet sich ein Kasten mit einem großen Knopf. Drückt der Kunde den Button, wird er mit einem Mitarbeiter an der Infotheke verbunden, der über das Sprechfunkgerät Informationen über das Sortiment, Artikelstandorte oder Preise geben kann. Falls nötig, kommt der Mitarbeiter auch zum Kunden, um persönlich weiterzuhelfen. Gerade für die älteren Kunden kann diese Innovation nützlich sein.

Und in Schweinfurt gibt es einen Supermarkt, wo die Kunden sich am Eingang einen Kaffee holen können und ihn während des Einkaufs in einem speziellen Kaffeehalter am Einkaufswagen hineinstellen können. Und wenn der Kunde dann mit einem Latte macchiato entspannt durch den Laden schlendert, ist er langsamer und kann mehr kaufen.[14]

Von der Wiege ...

Spezielle Varianten von Einkaufswagen begleiten uns in jedem Lebensabschnitt. Einkaufswagen mit Babysafe erleichtern den Einkauf für junge Mütter oder Väter. Diese Einkaufswagen werden jetzt immer öfter auch von Discountern angeboten. In Großbritannien geht der Supermarkt-Konzern Tesco noch einen Schritt weiter: Dort gibt es jetzt Einkaufswagen, die auf einem kleinen Bildschirm Zeichentrickfilmchen für Kinder zeigen. Dadurch wird verhindert, dass sich die Kinder zu schnell beim Einkauf langweilen. Denn dann würden sie damit beginnen, ihre Eltern zu nerven. Und die müssten sich dann mit dem Einkauf beeilen. Eine weitere Variante befriedigt das Spielbedürfnis von Kindern. In Kindereinkaufsautos sitzen die Jüngsten unten in einem Auto; darüber ist der Einkaufskorb befestigt, der von den Eltern geschoben wird.

Sind die Kinder dem Kinderwagen entwachsen, können sie ihre eigenen Miniatureinkaufswagen durch den Supermarkt bugsieren. Diese sind üblicherweise mit einer Fahnenstange ausgestattet, damit sie aufgrund ihrer niedrigen Höhe nicht übersehen werden. An dieser Stange ist bei einigen Modellen zudem ein Handgriff montiert, der es den Erwachsenen ermöglicht, die Kleinen beim Schieben des Wagens zu unterstützen. Der Vorteil liegt auf der Hand: Erstens gewöhnen sich die Kiddies schon mal an das Einkaufen mit dem rollenden Korb. Zweitens gilt: Was einmal im Kindereinkaufswagen liegt, kann von den Eltern nur noch gegen lautstarken Widerstand der Kleinen ins Regal zurückgelegt werden.

In den Vereinigten Staaten, wo Supermärkte meist geräumiger sind als in Europa und somit mehr Fläche zum Abstellen der Einkaufswagen vorhanden ist, ist das Spektrum der Einkaufswagen deutlich umfangreicher als in Deutschland. Neben Wagen mit Babyschale, Kindereinkaufsautos und Miniatureinkaufswagen sind dort insbesondere Wagen verbreitet, auf denen zwei bis drei Kinder mitfahren können.

… bis ins hohe Alter

Der soziodemografische Wandel geht auch am Einkaufswagen nicht spurlos vorbei. Dem zunehmenden Anteil von Senioren an der Gesamtbevölkerung tragen Supermarkt- und Drogeriemarktbetreiber durch Lupen Rechnung, die an den Einkaufswagen hängen. Mit solchen Lesehilfen können betagte Kunden das Kleingedruckte und die Preisschilder besser entziffern. Einige Einkaufswagen sind mit einer Sitzmöglichkeit ausgestattet. Während der Ruhepause arretiert der Wagen automatisch.

Beim Blick über den Atlantik zeigen sich noch weitere Varianten. In sämtlichen größeren amerikanischen Supermärkten finden sich Rollatoren, konventionelle Rollstühle zum Schieben sowie Elektro-Rollstühle mit Einkaufskorb, die ebenfalls von Gehbehinderten benutzt werden können. Und für Behinderte mit Rollstuhl gibt es leicht lenkbare und mit der Fahrhilfe koppelbare Exemplare.

Die Kalorienbremse

Der britische Supermarktbetreiber Tesco setzt in Pilot-Filialen sogenannte »Trimm-dich-Einkaufswagen« ein. Mit ihnen können Kunden während des Einkaufs gleichzeitig noch ein Fitnessprogramm absolvieren. Der Kunde stellt selbst ein, wie groß der Widerstand beim Schieben des Wagens sein soll. Am Griff des Einkaufswagens wird die Herzfrequenz des Kunden gemessen. Und ein Display zeigt an, wie viel Kalorien beim Einkaufen bislang verbrannt wurden. Nicht untersucht wurde, inwieweit die verbrauchten Kalorien dazu führen, dass Kunden guten Gewissens Süßigkeiten in den Einkaufswagen packen und damit ihr Energiereservoir gleich wieder auffüllen.

In London wurde jüngst ein Einkaufswagen vorgestellt, der ungesunde Nahrungsmittel erkennt und rot aufblinkt, wenn Dickmacher in den Wagen gelegt werden. Außerdem macht der rollende Diätassistent dem Käufer Angaben zu Nährwert, Herkunft und Zutaten der eingekauften Artikel. Auch über die Wiederverwertbarkeit der Verpackung informiert der Wagen. Auf einer Karte werden außerdem die Einkaufsgewohnheiten des Käufers gespeichert. Der Wagen führt den Einkäufer dann zu den Regalen mit seinen Lieblingsprodukten.

Der sprechende Einkaufswagen

Der Einkaufswagen der Zukunft wird noch viel mehr können: In einigen Jahren werden wir uns mittels einer Kundenkarte am Einkaufswagen einloggen. Auf diese Weise werden sich Kundenprofile erstellen lassen, und bereits nach drei bis vier Besuchen werden wir dann Einkaufstipps auf einem am Einkaufswagen angebrachten Bildschirm erhalten. Von da an ist es nur noch ein kleiner Schritt bis zur Versendung von E-Mails, die uns in den eigenen vier Wänden daran erinnern werden, dass unser Vorrat an Waschmittel demnächst zur Neige geht.

In nicht allzu ferner Zukunft wird der Einkaufswagen, der dann schon aus Kunststoff bestehen wird, auch zu Sprechen beginnen. Sensoren werden dann automatisch unseren Standort im Laden erkennen und uns Hinweise auf Produkte oder Sonderangebote in der Nähe geben. Rollen wir vors Käseregal, wird uns der Einkaufswagen den neuen französischen Weichkäse in höchsten Tönen anpreisen. Und vor der Palette mit dem Toilettenpapier wird er uns eindringlich auf das neueste Sonderangebot hinweisen.

Es wird auch nicht mehr lange dauern bis der Einkaufswagen die Kasse ersetzt. Das Zauberwort heißt RFID. Hinter dieser Abkürzung, die für die Identifikation von Objekten mittels Radiowellen (Radio Frequenz Identifikation) steht, verbirgt sich eine neue Technologie, die schon in ein paar Jahren flächendeckend eingesetzt werden wird.

Alle Produkte werden dann mit winzigen Chips ausgestattet sein, auf denen Artikelname, Preis und andere Informationen wie das Mindesthaltbarkeitsdatum gespeichert sind. Der Einkaufswagen der Zukunft registriert, welche Artikel in den Einkaufswagen gelegt werden und was sie kosten. An der Kasse muss dann nicht mehr jeder Artikel einzeln eingegeben oder eingescannt werden, sondern nur noch bezahlt werden. Und das nicht mehr mit Bargeld oder Kreditkarte, sondern per Fingerabdruck

Eine andere Funktion werden die Supermarktketten wohl nicht nutzen: Immer wenn ein Produkt vom Kunden in den Einkaufswagen gelegt wird, könnte auf einem Display angezeigt werden, was der Einkauf bislang kostet. Das aber würde viele Kunden mit Blick auf das bereits ausgegebene Geld vor weiteren Käufen zurückschrecken lassen. Deshalb werden wir den Gesamtpreis wohl weiterhin erst beim Durchschreiten des Kassentores erfahren. Was aber angezeigt werden könnte, wäre der Betrag, den wir durch den Erwerb von Sonderangeboten eingespart haben. Und das wiederum dürfte uns darin beflügeln, durch Zusatzkäufe noch mehr zu sparen.

Fitnessstudio Supermarkt: Mit Tempo das Portemonnaie entlasten!

Sicherlich werden Sie sich fragen: Was hat denn Fitness mit Einkaufen zu tun? Dass Bewegung gesund ist, ist nichts Neues. Im Supermarkt kann uns die richtige Bewegung aber sogar Geld und Ärger sparen. Und zwar immer dann, wenn dadurch verhindert wird, dass wir unnötige oder zu teure Produkte kaufen. Aber immer der Reihe nach.

Das 80-20-Phänomen

Was gibt es Schöneres für einen Supermarktbetreiber, als wenn möglichst viele Menschen in sein Geschäft strömen und dort möglichst lange verweilen. Denn die einschlägigen Untersuchungen belegen: Mit zunehmender Verweildauer steigen die Anzahl der gekauften Produkte und damit der Durchschnittsbon, also das, was ein durchschnittlicher Kunde an Geld im Laden lässt. Doch die Wirklichkeit sieht anders aus als die Idealvorstellung der Handelsunternehmen. Die Hälfte aller Kunden benötigt maximal fünf Minuten für den Einkauf. Und 50 % aller Supermarktbesucher kaufen maximal fünf Artikel. Der Durchschnittskunde durchquert höchstens ein Viertel des Supermarktes. Und hier gilt die 80-20-Regel: 80 % unserer Einkaufszeit verbringen wir auf gerade einmal 20 % der Verkaufsfläche.

Ganz im Sinne eines Einkaufssprinters entscheiden wir uns im Geschäft sehr schnell für das ein oder andere Produkt. 42 % der Entscheidungen treffen wir innerhalb der ersten 5 Sekunden. In 33 % der Fälle benötigen wir 6 bis 15 Sekunden. Und lediglich in 25 % der Fälle dauert die Wahl mehr als 15 Sekunden. Deshalb setzen Handelsunternehmen alles daran, dass wir uns möglichst lange im Verkaufsraum aufhalten. Denn insbesondere im Lebensmitteleinzelhandel zeigt sich: Wer länger verweilt, kauft mehr ein.

Handelsunternehmen richten sämtliche Marketing-Aktivitäten an der Devise aus: Wer länger im Geschäft ist, kauft mehr ein.

Die Landebahn im Supermarkt-Airport

Als Kunden überqueren wir normalerweise schnell den Parkplatz, schauen vielleicht kurz ins Schaufenster oder auf Werbeplakate und betreten dann mit großem Schwung die Geschäftsräume. Jetzt braucht es eine Art Landebahn, auf der wir langsamer werden und uns an die neue Umgebung gewöhnen. Demnach zeigen uns die Supermarktbetreiber in dieser Zone nur wenige Plakate, Hinweistafeln oder sonstige Informationen. Denn wir sind aufgrund unserer hohen Geschwindigkeit noch gar nicht in der Lage, solche Informationen aufzunehmen. Vielmehr zielen die Handelsunternehmen darauf ab, uns mit großen Aufklebern auf dem Boden, Paletten mit Blumen, Waschmittel-Sonderangeboten oder sonstigen Aktionsartikeln abzubremsen. Und auch sich langsam öffnende automatische Glastüren oder Drehkreuze haben die Funktion zu erfüllen, uns langsamer werden zu lassen. Ebenso bewirken spiegelnde Oberflächen, dass wir unsere Geschwindigkeit reduzieren. Deshalb bezeichnen Shopping-Forscher diesen Teil des Geschäfts auch als Bremszone.

Auch beim weiteren Gang durch den Supermarkt stoßen wir immer wieder auf Paletten, Ständer oder Warentische, die uns wie zufällig den Weg versperren. Von wegen Zufall! Diese werden ganz bewusst und systematisch positioniert. Und zwar nicht nur, um unseren Blick auf die dort platzierten Waren zu lenken, sondern auch, um uns immer wieder abzubremsen. Dieses Verfahren bezeichnen Ladengestalter als Blocking. Denn nur ein abgebremster Kunde ist ein guter Kunde: Er hat genügend Zeit, die Ware anzuschauen und spontan zuzugreifen.

Anbieter bremsen uns beim Betreten und Durchlaufen des Geschäfts systematisch ab, damit wir langsamer gehen, die Waren somit besser sehen und damit letztlich mehr kaufen.

Und noch ein anderer Befund aus der Bremszone ist interessant: Werden Kunden im Eingangsbereich persönlich begrüßt, geht die Ladendiebstahlsquote deutlich runter. Denn durch die Begrüßung fühlt sich derjenige, der einen Diebstahl plant, nicht mehr länger anonym.[15]

Gegen den Uhrzeigersinn

Es gehört zu den Tatsachen, welche die Wissenschaft bislang nicht so richtig erklären kann: Der Mensch orientiert sich lieber nach links als nach rechts. Das ist jetzt nicht politisch gemeint, sondern räumlich: 95 % aller Menschen haben einen Hang zum Linkskreisen. In dem Blickfeld, das links von uns liegt, nehmen wir mehr wahr als im rechten Blickfeld. Menschen, die sich in der Wüste verirren, laufen meistens leicht nach links, auch wenn sie davon überzeugt sind, geradeaus zu laufen. Weil den Menschen dort viel häufiger übel wird, gibt es kaum rechts drehende Karussells. Und genau deshalb laufen die Sportler gegen den Uhrzeigersinn durch das Leichtathletikstadion. Es ist also kein Zufall, dass es im Supermarkt meistens links herum geht, denn das entspricht unserer natürlichen Laufrichtung. Ladenbesitzer, die es mit dem Uhrzeigersinn versuchten, mussten Umsatzeinbußen hinnehmen.[16]

Da wir Kehrtwendungen überhaupt nicht mögen, verzichten die Ladenbauer wo immer möglich auf Sackgassen. Und werden die Gänge zwischen den Regalen zu schmal, bewegen wir uns automatisch schneller und kaufen weniger ein. Offensichtlich kommt hier wieder unser Steinzeit-Gen zum Vorschein: Fühlen wir uns eingeengt, befürchten wir, bei Gefahr nicht rechtzeitig fliehen zu können. Werden die Gänge aber wieder breiter, verlangsamen wir unsere Schrittgeschwindigkeit, können die Produkte nun besser betrachten und kaufen automatisch mehr ein. Und das wissen die Supermarktbetreiber.

Über 90 % aller Handelsunternehmen sind so aufgebaut, dass wir uns gegen den Uhrzeigersinn bewegen und damit beim Shopping wohlfühlen.

Eingeschränkter Freiheitsdrang

Grundsätzlich lassen sich beim Durchqueren des Verkaufsraums Individual- und Zwangslauf unterscheiden. Der Individuallauf ermöglicht es uns, alternative Wege zu wählen und frei zu entscheiden, wo wir langgehen. Auf diese Weise sparen wir Zeit und können Produkte, die wir häufig benötigen, bequem einkaufen.

Beim Zwangslauf geben die Anbieter uns Kunden den Weg durch den Verkaufsraum zwingend vor. Aber: Der Zwang zu langen Wegen kann uns nerven, da wir dadurch Zeit verlieren. Außerdem ist es anstrengend, schwer bewegliche Produkte über lange Strecken zu transportieren. Gleichzeitig dürfen wir auch nicht das Gefühl bekommen, in unserer Entscheidungsfreiheit eingeschränkt zu werden. Denn dann werden wir ärgerlich. Also gibt es zwar Abkürzungen, aber die sind eng und verwinkelt. Und da hier wieder der Steinzeitmensch in uns zum Vorschein kommt, meiden wir solche Durchgänge. Denn im Falle einer Gefahr sind uns die Fluchtwege schnell abgeschnitten.

Manch einer kann von seinem Besuch beim allseits beliebten Möbelhändler aus Schweden ein Lied von der Zwangsstreckenführung singen. Wenn wir bei IKEA einkaufen, werden wir so geführt, dass wir die gesamte Ausstellung besuchen. Ob man will oder nicht, der Weg durch den Möbelriesen wird vorgegeben. Erst sehen wir die eingerichteten Zimmer, um uns inspirieren zu lassen. Dann gelangen wir zu Sofas, Schränken, Büromöbeln und Küchen. Nun betreten wir eine Art Markthalle, in der uns zahlreiche praktische Dinge und Accessoires angeboten werden. Hier kommt keiner vorbei, ohne etwas zu kaufen. Und da wir durch die Zwangsstreckenführung an so vielen neuen und interessanten Produkten vorbeigekommen sind, haben wir am Ende viel mehr bestellt und auch viel mehr im Einkaufswagen, als wir ursprünglich geplant hatten. Hierzu noch eine persönliche Erfahrung der Autoren: Die Abkürzungen, die es zugegebenermaßen auch bei IKEA gibt, sind so eng und versteckt, dass wir uns schon häufig verlaufen haben und letztlich mehr Zeit benötigten als ohne Abkürzung.

Und haben Sie sich in diesem Zusammenhang schon einmal gefragt, warum Sie bei den meisten Rolltreppen auf jeder Etage einmal im Halbkreis gehen müssen, um wieder bis zum nächsten Stockwerk transportiert zu werden? Ganz einfach: So werden Sie an Waren vorbeigeführt, und vielleicht ergibt sich daraus ja der ein oder andere Spontankauf.

Durch die Zwangsführung werden wir an Produkten vorbeigeführt, die uns zu Spontankäufen verführen sollen.

Dem Kunden auf den Fersen

Um die Waren optimal platzieren zu können, muss jeder Händler genau darüber Bescheid wissen, was attraktive, d. h. vom Kunden häufig aufgesuchte, und was unattraktive, d. h. grundsätzlich selten frequentierte Verkaufszonen sind. Um unser Verhalten und unsere Wege im Supermarkt zu durchleuchten, führen Spezialisten sogenannte Kundenlaufstudien durch. Hierbei werden wir beim Einkaufsvorgang durch speziell geschulte Mitarbeiter beobachtet, ohne dass wir es merken. Diese notieren anhand eines Fragebogens bzw. Lageplans, wie und wie schnell wir uns beim Einkaufen bewegen, welche Wege wir bevorzugen und welche wir meiden, wo wir stehen bleiben, wann wir uns mit unsren Begleitern über welche Produkte austauschen und wie wir die Waren aus dem Regal nehmen. Am Ende des Einkaufs wird der Kunde dann um seine Zustimmung zur Nutzung der erhobenen Daten gebeten. [17]

Einige Fachleute führen auch Videoaufzeichnungen von Kunden während des Einkaufs durch. Die Informationen werden auf Beobachterbogen festgehalten, im Anschluss an die Beobachtung per EDV erfasst sowie ausgewertet und schließlich zu grundlegenden Erkenntnissen verdichtet. Neuerdings lassen sich Kundenlaufstudien auch auf elektronischem Wege durchführen. Hierzu werden

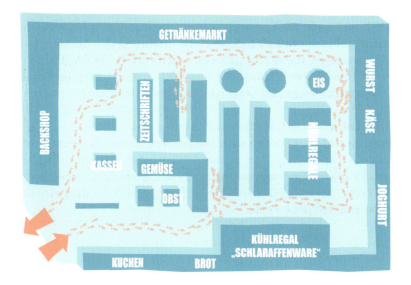

wir am Eingang mit einem Funk-Tag ausgestattet, der die Laufwege aufzeichnet. Alternativ bieten sich elektronische Erfassungssysteme an. Hierbei wird der Lauf des Kunden über Sendevorrichtungen am Einkaufswagen und an der Decke angebrachte Empfänger aufgezeichnet. Einziges Problem: Da wir den Einkaufswagen häufig parken und ohne ihn den Weg zu bestimmten Regalen zurücklegen, wird unser Lauf durch den Supermarkt hier nur unvollständig aufgezeichnet.

Alle Methoden verfolgen dasselbe Ziel: Wir werden – ohne dass wir es wissen oder mitbekommen sollen – beobachtet, während wir durch den Laden spazieren. Und am Ende weiß man dann, wo wir entlanggegangen sind, wo wir lange und wo wir kurz stehen geblieben sind, welche Abkürzungen wir genommen haben und welche Bereiche wir völlig gemieden haben. Vor allem diese »toten« Bereiche im Laden sollen verhindert werden.

Mittels Kundenlaufstudien ermitteln Handelsunternehmen, was attraktive, d. h. vom Kunden häufig aufgesuchte, und was unattraktive, d. h. grundsätzlich selten frequentierte Verkaufszonen sind.

Die Ergebnisse der Kundenlaufstudie werden in einem Kundenlaufbild dargestellt. Durchgezogene Linien verdeutlichen den Weg der Kunden. Dabei fällt auf: Die breiten Gänge im Supermarkt, die oft an den Außenwänden entlangführen und im Fachjargon als »Rennbahn« bezeichnet werden, werden häufig von uns frequentiert. Dort werden wir konsequenterweise an allen wichtigen Verkaufsbereichen vorbeigeführt.[18]

Die Rennbahn führt an den Außenwänden entlang und wird von uns Kunden am häufigsten durchlaufen.

Moderne Kundenlaufstudien gehen noch einen Schritt weiter: Sie integrieren auch die zeitliche Komponente, also auch die Frage, wo wir wie viel Zeit verbracht haben. Sie tun dies auf einer sogenannten Heatmap, die den Bildern einer Wärmebildkamera gleicht. Mit Blick auf den Supermarkt von oben erkennen wir an den roten Stellen, dass sich viele Kunden hier oft und lange aufgehalten haben. Zonen, die nicht rot markiert sind, haben nur wenig Kundenfrequenz, was bedeutet, dass sich dort nur wenig Kunden aufhalten. Haben die Ladendesigner mehrere Hundert solcher Einkaufsrouten aufgezeichnet, können sie sich ein genaues Bild vom Kundenlauf und Kundenverhalten im Supermarkt machen. Vielleicht sind

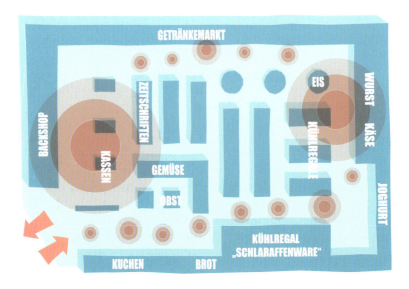

es diese Ergebnisse, die zu einem geflügelten Wort unter den Ladendesignern geführt haben: »Der Kunde steht im Mittelpunkt – und damit im Wege!«

Gute Flächen, schlechte Flächen

Der Supermarktbetreiber steht vor folgendem Optimierungsproblem: Zum einen sind die verschiedenen Artikelgruppen unterschiedlich attraktiv. Zum anderen sind die verschiedenen Verkaufszonen unterschiedlich wertvoll, da wir die verschiedenen Zonen unterschiedlich gerne bzw. häufig aufsuchen. Deshalb muss er attraktive und unattraktive Artikel in den attraktiven und unattraktiven Zonen so positionieren, dass er den maximalen Ertrag erzielt. Oder in Bezug auf den Kunden: dass dieser möglichst viel Geld ausgibt.[19]

Hochwertige Verkaufszonen, die häufig von Kunden aufgesucht werden, sind:

– Hauptwege des Geschäfts, die sich, wie bereits erwähnt, an den Außenwänden befinden (sogenannte Rennstrecken),

– rechts vom Kundenstrom liegende Flächen,

– Auflaufflächen, die wir Kunden sofort erblicken,

– Gangkreuzungen, an denen mehrere Laufwege zusammentreffen,

– Kassenbereich (sogenannte Quengelzone) und

– Zonen um Beförderungseinrichtungen wie Aufzüge, Rolltreppen und Transportbänder.

In diesen attraktiven Ladenzonen präsentiert man uns die Artikelgruppen, die wir häufig kaufen, die zum Kernsortiment des Unternehmens gehören und die den Bedarf breiter Massen decken. Außerdem finden sich hier Produkte, die wir spontan kaufen sollen. Hierzu zählen typische Impulswaren (etwa Süßigkeiten), Innovationen und nicht in der Werbung annoncierte Sonderangebote.

Nicht ohne Grund stoßen wir bei den Rolltreppen griffbereit auf Impulswaren, wie Autoschwämme, Topfreiniger oder Süßigkeiten.

Als minderwertige Verkaufszonen gelten:

– Mittelgänge,

– links vom Kundenstrom liegende Flächen,

– Eingangszonen, die schnell passiert werden,

– Flächen, die weit vom Eingang entfernt liegen,

– Räume hinter den Kassen,

– Sackgassen des Verkaufsraumes sowie

– höhere und tiefere Etagen.

In diesen unattraktiven Zonen finden sich Produkte, die aufgrund ihrer hohen Attraktivität höhere Einkaufsmühen vertragen, sowie Muss-Artikel, die wir unbedingt benötigen.

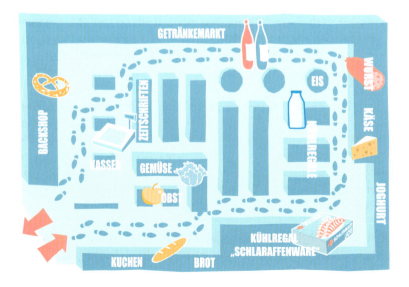

Bei Discountern beispielsweise finden sich im Mittelgang die Aktionsartikel, die nur über einen begrenzten Zeitraum angeboten werden und die deshalb attraktiv für uns sind.

Bei fast jedem Einkauf braucht man etwas aus dem Kühlregal: Butter, Joghurt, Wurst, Käse oder Milch. Genau deshalb steht das Kühlregal immer am anderen Ende des Ladens, sodass wir erst quer durch das ganze Geschäft gehen müssen. Und das schaffen wir nicht, ohne nicht noch etwas anderes mitzunehmen.

Auf den weniger attraktiven Flächen findet man des Weiteren solche Artikelgruppen, für deren Einkauf wir uns aufgrund des hohen Preises mehr Zeit nehmen, die aufgrund des speziellen Bedarfs nur einen kleinen Teil der Kunden interessant sind oder die pro Artikel viel Raum benötigen.

Doppelt platziert = doppelt kassiert?

Unter einer Zweit- und Mehrfachplatzierung versteht man Ware, die nicht nur im Regal selber liegt, sondern an einem oder mehreren weiteren Plätzen auf der Verkaufsfläche präsentiert wird. Solche Platzierungen stechen dem Kunden in der Regel ins Auge, weil sie vom normalen Regalplatz abweichen. Dieser Effekt kann auch noch durch eine höhere Präsentation oder durch Beleuchtung unterstrichen werden. Im Regelfall zahlen Industrie und Lieferanten dem Handel Geld, wenn dieser deren Waren gesondert präsentiert.

Für Mehrfachplatzierungen wählen die Supermarktbetreiber den Eingangsbereich, Gänge, das Ende eines Ganges sowie den Kassenbereich, wo man in der Regel ausreichend Zeit hat, die Ware zu betrachten. Mit Zweit- und Mehrfachplatzierungen will man uns auf Produkte aufmerksam machen und/oder (vermeintliche oder tatsächliche?) Preisgünstigkeit demonstrieren.

Und wenn wir Kunden gestapelte Ware sehen, haben wir das Gefühl, dass sie preisgünstig sein muss. Doch auch hier gilt: Augen auf und Preise vergleichen!

Zweit- und Mehrfachplatzierungen sowie Stapelware bedeuten nicht unbedingt Schnäppchen.

Vorsicht auch bei Kombiplatzierungen! Was im ersten Moment eine Erleichterung darstellt (z. B. die Dosentomaten neben den Spaghetti-Nudeln), geht eigentlich immer zulasten unseres Portemonnaies. Denn oft gibt es woanders im Raum noch günstigere Dosentomaten.

Not amused, just confused

Schließen Sie jetzt einmal die Augen und machen Sie einen geistigen Spaziergang durch Ihren Lieblingssupermarkt. Nehmen Sie sich Zeit und gehen Sie auf Ihrem Brainwalk durch den gesamten Verkaufsraum. Überlegen Sie, welche Bereiche Sie häufig aufsuchen und welche Bereiche Sie nur gezwungenermaßen aufsuchen oder meiden. Überlegen Sie, wo die Waren platziert sind, die Sie häufig einkaufen. Denken Sie auch über Ihre Schrittgeschwindigkeit nach. Wann gehen Sie schnell, wann verlangsamen Sie Ihr Tempo? Stellen Sie sich auch vor, wohin Ihr Blick als Erstes wandert, wenn Sie vor einem Regal stehen: Nach links oder nach rechts, nach unten oder nach oben?

Den meisten von uns Kunden fehlt der Überblick darüber, wo welche Waren in einem Laden eigentlich zu finden sind. Sämtliche einschlägigen wissenschaftlichen Untersuchungen belegen, dass wir nur wenige Produkte in einem normalen Supermarkt richtig lokalisieren.

Neun von zehn Artikeln, die von Kunden an der richtigen Stelle eingeordnet werden, liegen am Rand des Supermarkts, also in der Nähe zu den Außenwänden. Hier haben wir Orientierungspunkte wie Türen, Aufgänge, Tafeln, sodass wir uns alles besser merken können. Je näher die Produkte aber in der räumlichen Mitte des Geschäfts platziert sind, desto schwächer wird unser Orientierungssinn.

Den besten Überblick haben wir bei Produkten, die nahe den Außenwänden platziert sind.

Was uns Kunden gar nicht gefällt, ist das Gefühl, ständig mit neuen oder anderen Produkten konfrontiert zu werden. Das internationale Beratungsunternehmen Information Resources hat in diesem Zusammenhang errechnet, dass jedes Jahr in Deutschland rund 30.000 neue Artikel in den Lebensmittelhandel kommen. Nach einem Jahr ist die Hälfte schon wieder aus den Supermärkten verschwunden. Und weitere 30 % werden später wegen Erfolglosigkeit wieder aus dem Regal genommen. Viele neue Artikel wollen wir Kunden also überhaupt nicht haben. Nur ein gutes Viertel der Produkte überlebt. Kein Wunder also, dass wir bei einem solch explodierenden und ständig wechselnden Warenangebot den Überblick verlieren.

Im sicheren Schoß der Discounter?

Beim hochwertig ausgerichteten Fachhandel und Warenhaus geben wir umso mehr aus, je länger wir dort verweilen. Deshalb sind diese Betriebstypen bestrebt, die Verweildauer ihrer Kunden im Geschäft zu erhöhen. Zu diesem Zweck entwickeln sie ansprechende und abwechslungsreiche Warenpräsentationen, die eben schon angesprochenen Zwangswegeführungen, die uns durch das Geschäft leiten, sowie spezielle Service- und Ruhezonen, in denen wir uns erholen können (etwa Kaffeebar).

Selbstbedienungswarenhäuser, Verbrauchermärkte und insbesondere Discounter hingegen konzipieren ihre Verkaufsräume in der Regel so, dass schnelles und bequemes Einkaufen möglich ist. Hier finden wir die Waren leicht, werden durch ein Kundenführungssystem schnell durch die Verkaufsräume geführt, können zügig bezahlen und das Geschäft schnell verlassen.

Wenn wir uns den Laden innerlich vorstellen können, wenn wir einen »inneren gedanklichen Lageplan« haben, so fühlen wir uns beim Einkaufen wohler und sicherer. Und auf diese Karte setzen die Discounter: Die Läden sind überschaubar, alles steht immer an der gleichen Stelle, sodass wir dort mehr Freude beim Einkaufen haben als in einem riesigen unüberschaubaren Verbrauchermarkt. Und eine Filiale gleicht vom inneren Aufbau der anderen. Sind wir einmal in einer anderen Stadt oder in einem anderen Ortsteil, so werden wir auch dort unseren Stamm-Discounter aufsuchen. Denn das gibt uns Sicherheit und vermittelt uns, etwas übertrieben ausgedrückt, ein Gefühl von Geborgenheit in der Fremde.

Ein weiterer Grund, weshalb so viele Kunden gerne bei den Discountern ALDI, Lidl & Co. kaufen, liegt daran, dass das Sortiment eben nicht so groß ist. Sie sind froh, dass der Händler eine Vorauswahl trifft und drei Sorten Erdbeer-Joghurt anbietet. Das riesengroße Joghurt-Regal im Großflächenverbrauchermarkt auf der grünen Wiese mit der Qual der Wahl aus 20 Erdbeer-Joghurt-Sorten überfordert den Kunden.

Discounter gestalten ihre Läden und Sortimente überschaubar und platzieren ihre Waren immer an der gleichen Stelle mit dem Ziel, uns das lästige und zeitraubende Einkaufen zu erleichtern sowie Sicherheit zu vermitteln.

Was wir übrigens gar nicht mögen, ist ständiges Umräumen und Veränderungen der Regalplatzierung. Wir reagieren verärgert, weil wir die Produkte nicht finden. Dabei kann auch da Absicht dahinterstecken: Supermarktbetreiber wechseln nicht selten dann die Platzierung von »Muss-Artikeln«, wenn sich die Kundschaft daran gewöhnt hat. Im Vorfeld solcher als Versteckspiele bezeichneten Platzierungstaktiken wurde genau analysiert, wie viel an Lauf- und Suchpensum uns zugemutet werden kann, bis wir zu den Warengruppen gelangen, wegen derer wir eigentlich gekommen sind.

Vor dem Regal: Was haben Kniefall und links wählen gemeinsam?

Jetzt werden Sie sicherlich denken: Nun sind die beiden Autoren endgültig durchgeknallt. Was soll denn diese Frage bedeuten? Aber langsam: Am Ende des Kapitels werden wir Sie überzeugt haben, dass unsere Frage durchaus Sinn macht und wir noch nicht reif für die Psychiatrie oder Insel sind.

Ein Blick sagt mehr als tausend Worte!

Hat der Supermarktbetreiber die Warengruppen auf der Fläche verteilt, stellt sich ihm die nächste Aufgabe: Wo werden die einzelnen Artikel innerhalb des Regals platziert?

Die Blickfangquote belegt, dass nur etwa ein Fünftel aller Kunden ein durchschnittliches Produkt im Supermarktregal sieht. Also schlummert hier für den Anbieter noch einiges Optimierungspotenzial. Um die Platzierung der Waren im Regal zu optimieren, bedienen sich Fachleute sogenannter Blickaufzeichnungsgeräte. Hierbei handelt es um eine Augenkamera, welche die Testperson wie eine Brille aufsetzt und mit deren Hilfe die Bewegungen der Pupille genau registriert werden. Dabei werden die Blickrichtung und die Verweildauer der Augen auf einem bestimmten Punkt erfasst.

Ziel dabei ist es zu ermitteln, ob der Kunde die angebotenen Informationen überhaupt wahrnimmt, und, falls ja, ob dies in der anvisierten Reihenfolge geschieht. Wo schaut der Kunde hin? Was sieht er sich im Regal zuerst an? Wie wandert sein Blick über das Regal? Und schaut er im Regal häufiger nach oben oder häufiger nach unten?

Mit Blickaufzeichnungsgeräten sind Handelsunternehmen dem optimalen Regalaufbau auf der Spur.

Vor günstigen Preisen in die Knie gehen

Aus der vertikalen Perspektive, sprich von oben nach unten, lassen sich Regale in vier Ebenen einteilen:
Je näher ein Artikel in Augenhöhe platziert wird, desto besser stehen seine Verkaufschancen. Dies hat zwei Ursachen: Zum einen ist das menschliche Auge darauf angelegt, nur eine relative kleine Fläche scharf zu sehen. Zum anderen ist unser Organismus am Sparsamkeitsprinzip ausgelegt, ganz wie bei unseren Vorfahren, den Jägern und Sammlern. Und so bewegen wir Augen und Kopf möglichst wenig.

Deshalb gilt die *Bückzone* mit einer durchschnittlichen Kaufwahrscheinlichkeit von 15 % als grundsätzlich verkaufsschwach. In diesem Bereich platzieren Anbieter deshalb Waren, die zum Beispiel preisgünstig sind und damit eine geringe Handelsspanne haben. Außerdem eignet sich dieser Bereich für sperrige und schwere Produkte. Oder haben Sie sich vor dem Regal schon einmal nach einem Lippenstift oder einer Lippenpomade bücken müssen?

Darüber folgt die *Greifzone*, diese hat eine Höhe von 80 bis 120 cm. Artikel, die in diesem Bereich liegen, verfügen über eine Kaufwahrscheinlichkeit von 30%. Dort finden sich Neuheiten oder Artikel, die dem Anbieter einen hohen Gewinn versprechen.

Aus Sicht des Anbieters stellt die *Sichtzone* die wichtigste Ebene eines Regals dar. Nicht umsonst wird dieser Bereich auch als »goldene Zone« bezeichnet. Diese hat eine Höhe zwischen 120 und 170 cm. Hier liegt die Kaufwahrscheinlichkeit für einen Artikel

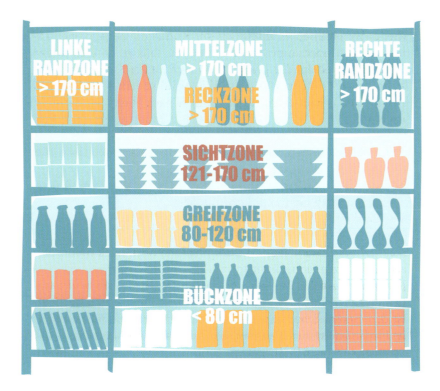

bei 40 % und damit am höchsten. In diesem Bereich finden sich Produkte, die mit einem großen Altwarenrisiko (z. B. modische Produkte und Waren mit Mindesthaltbarkeitsdatum) oder einem großen Rohertrag für den Händler verbunden sind. Außerdem werden Produkte in der Sichtzone am ehesten spontan gekauft.

Ganz oben liegt die *Reckzone*, diese hat eine Höhe von mindestens 170 cm. Die Kaufwahrscheinlichkeit liegt bei 15 %. In dieser Zone werden hochwertige Waren präsentiert. Außerdem finden sich hier Dinge, die Kunden immer brauchen. Streckt sich der Kunde, bleibt sein Blick beispielsweise auf der teuren Zahnseide kleben. Die günstigeren Modelle liegen hingegen an der Stirnseite des Regals, damit der Kunde die Preise nicht unmittelbar miteinander vergleichen kann.

Besonders preiswerte Produkte finden sich häufig in den unteren Bereichen des Regals. Also: Bücken lohnt sich!

Werden Sie zum visuellen Kommunisten!

Sämtliche einschlägigen Untersuchungen belegen folgenden Zusammenhang: Stehen wir vor einem Regal, kaufen wir die rechts von der Mitte platzierten Waren mit höherer Wahrscheinlichkeit ein als die restlichen Produkte. Dieses Phänomen machen sich Händler zunutze, in dem sie links im Regal die für sie wenig gewinnträchtige Ware anordnen. Ganz rechts finden sich dann die Produkte, mit denen Anbieter den höchsten Gewinn erzielen möchten. Es kann also durchaus sinnvoll sein, die Leserichtung einmal um 180 Grad umzudrehen.

Übrigens: In der arabischen Welt sind die Regale im Vergleich zu unseren Geschäften seitenverkehrt aufgebaut. Da die Menschen hier von rechts nach links lesen, finden sich links im Regal die teuren Produkte.

Werden Sie zum visuellen Kommunisten, in dem Sie die Produkte wählen, die links im Regal stehen. Das spart Geld!

Und werden Waren einer Kategorie unter- oder nebeneinander präsentiert und können wir die Preise somit ohne viel Aufwand miteinander vergleichen, dann ist das bestimmt auch kein Zufall. Zumeist finden wir dann neben dem günstigen und dem teuren Produkt ein extrem teures. Denn wir Konsumenten tendieren bei Kaufentscheidungen zur Mitte und bedienen uns am teuren Produkt, selbst wenn der günstigste Artikel genauso gut ist.

Vorsicht: Indem Anbieter neben teuren noch teurere Produkte platzieren, verschieben sie unseren Ankerpreis nach oben! Wir neigen dann dazu, mehr Geld auszugeben.

Die Kontaktstrecke gibt an, welche Breite einem Artikel im Regal eingeräumt wird. Untersuchungen des Neuromarketing-Experten Hans-Georg Häusel zeigen, dass einem Artikel im Optimalfall eine Breite von ca. 30 cm eingeräumt werden sollte. Ist das einzelne Produkt schmaler, müssen mehrere Artikel nebeneinander gestellt werden, um das Optimum zu erreichen. Wird die Kontaktstrecke von 30 cm unterschritten, greifen wir seltener zu. Liegt die Kontaktstrecke darüber, wird kaum mehr verkauft. Es macht also kaum etwas aus, ob wir drei, sechs oder neun Suppenbeutel nebeneinander stehen sehen.

So, jetzt wiederholen wir noch einmal die eingangs gestellte Frage: Was haben also Kniefall und links wählen gemeinsam? Richtig: Bei beiden spart man Geld! Wird also leider noch nichts mit den verrückten Professoren. Und Sie sehen: Im Supermarkt können Sie Monarchist und Kommunist zugleich sein und auch noch davon profitieren.

Angriff auf die Sinne: Kaufen Sie lieber Sinn-los ein! … *oder:* Die Verführung aller Sinne

Ein Samstagmorgen im Frühling. Sie haben einen erholsame Nacht verbracht und sich ein schmackhaftes Frühstück einverleibt. Die Sonne scheint, die Vögel zwitschern und Bäume, Blumen sowie Sträucher stehen in voller Pracht. Sie haben endlich mal Zeit und verspüren Lust, sich am Wochenende etwas Besonderes zum Essen zu gönnen. Und das ist genau die richtige Zeit, um über den Wochenmarkt zu flanieren.

Der Viktualienmarkt in München, der Wochenmarkt zu Füßen des Mainzer Doms, der Markt vor dem Historischen Rathaus in Bonn – um nur einige zu nennen – erfreuen sich unter Einheimischen und Touristen größter Beliebtheit. Gleiches gilt für die Markthallen, die oft so proppenvoll sind, dass man sich nur im Schneckentempo voranbewegen kann. Doch was macht die Faszination solcher Märkte aus?

Es ist vor allem ihr besonderes Ambiente, das darin zum Ausdruck kommt, dass wir Kunden dort auf allen Sinnesebenen angesprochen werden: Die frische Luft und das helle Licht. Die Farben von Obst und Gemüse. Die Geräuschkulisse der Gespräche und Passanten. Der Duft am Käsestand. Die Möglichkeit, die Produkte zu sehen, anzufassen oder auch zu probieren.

Handelsunternehmen haben sich von Wochenmärkten so einiges abgeschaut und setzen Sinnesreize ganz bewusst ein, um unseren Autopiloten zu aktivieren. Dazu einige Beispiele: Edle Hölzer, matter Stahl oder weiches Leder schaffen eine hochwertig anmutende Umgebung, die dem Kunden angenehm ist. Der Outdoor-Sportfachhändler Globetrotter präsentiert in seinen großen Läden die Waren in einer Umgebung, die an deren Verwendung erinnert. Da gibt es Kletterfelsen, Wasserläufe, kleine Seen, Schotterstrecken, damit der Kunde gleich angeregt ist einzukaufen.

Jeder Supermarktbetreiber spricht mit Verkostungen von Käse, Brotaufstrich oder Kuchen ganz gezielt unseren Geschmackssinn an. Und tatsächlich sagen viele Kunden nicht Nein, wenn sie anschließend gefragt werden, ob sie eine Packung erwerben wollen. Auch hier spielt die bereits mehrfach angesprochene Reziprozität wieder eine große Rolle. Wenn uns ein Anbieter etwas kostenlos anbietet, fühlen wir uns verpflichtet, ihm später ein Produkt abzukaufen.

Dass solche Probierstände bei uns Kunden sehr beliebt sind, zeigt sich bei einem der hierzulande führenden Großhändler. Dieser schaltet Verkostungen ganz bewusst nur einmal im Monat. Und an diesen Tagen steigt die Kundenfrequenz um bis zu 50 % an. Spötter behaupten, dass so mancher Kunde die Verkostungsmöglichkeiten so intensiv nutzt, dass er für die nächsten drei Tage auf jegliche weitere Mahlzeit verzichten kann.

Fünf Sinne = Multisensual

Wir Menschen verfügen über fünf Sinne: Sehen, Riechen, Schmecken, Hören und Fühlen. Von einem sechsten Sinn sprechen wir, wenn wir auf übersinnlichem Wege eine Gefahr oder ein Ereignis vorhersehen. Und weil der Westdeutsche Rundfunk im Jahr 1966 auf die Idee kam, einen weiteren Sinn beim Menschen, den für den Straßenverkehr, zu entwickeln, wurde die entsprechende Fernsehsendung als »Der 7. Sinn« bezeichnet.

Mit 58 % hat der Sehsinn den deutlich höchsten Einfluss auf unsere Kaufentscheidungen. Dies darf uns aber nicht dazu verleiten, die Bedeutung der restlichen vier Sinne zu unterschätzen. Denn der Geruchssinn spielt bei 45 %, der Hörsinn bei 41 %, der Geschmackssinn bei 31 % und der Tastsinn bei 25 % unserer Kaufentscheidungen eine Rolle.

Wir besitzen fünf Sinne: Sehen, Riechen, Hören, Schmecken und Fühlen. Erfolgreiche Anbieter sprechen uns auf mehreren Sinnesebenen gleichzeitig, sprich multisensual an.

Am besten wirkt das Einkaufsumfeld auf uns Kunden wenn mehrere Sinne gleichzeitig angesprochen werden.[20] Der Handelsexperte spricht dann von Multisensualität. Bedient man alle fünf Sinne, erhöht dies die Preisbereitschaft um bis zu 300 %, so Martin Lindström, Management-Guru und Leiter einer Marketing-Agentur, die sich auf multisensuale Kommunikation spezialisiert hat.

Die parallele Ansprache mehrerer Sinne erhöht unsere Preisbereitschaft um bis zu 300 %.

Die Automobilbranche hat die Bedeutung multisensualer Marketingstrategien als eine der ersten erkannt. Was der Konsument im Innenraum eines neuen Fahrzeugs riecht, ist nahezu immer künstlich. Und der Ton eines Automotors oder einer zufallenden Wagentür prägt wesentlich die Markenpersönlichkeit. Der hohe Stellenwert, den Unternehmen der Psycho-Akustik beimessen, lässt sich beispielsweise daran ablesen, dass beim Automobilhersteller Porsche rund 5 % der Entwicklungskosten eines neuen Modells in das akustische Design des Motorengeräuschs fließen.

Das Knacken beim Konsum eines Bahlsen-Kekses oder eines Magnum-Eises, das Geräusch beim Einschenken eines Bieres oder das Zischen beim Öffnen einer Flasche beeinflussen unsere Kaufentscheidungen in erheblichem Maße. 40 % der Männer bekommen Durst, wenn sie das »Plopp« beim Öffnen einer Flensburger-Pils-Flasche hören. Der Klang eines Eimers von Tupperware ist nicht ohne Grund ein geschütztes Markenzeichen. Und Melodien und Stimmen im Callcenter prägen das Image eines Unternehmens ebenso wie der Jingle im Werbespot (z. B. bei der Telekom).[21]

Da wir Verbraucher auf der visuellen Ebene mit Reizen überflutet werden und diese überhaupt nicht mehr verarbeiten können

(Information-Overload), gehen erfolgreiche Anbieter dazu über, uns gleichzeitig oder alternativ auf den anderen vier Sinnesebenen (hören, riechen, schmecken, fühlen) anzusprechen. Auf den folgenden Seiten wollen wir Ihre Sinne dafür schärfen, wie wir mit allen Ebenen zum Kaufen verführt werden. Und Sie werden sehen, dass es unserem Portemonnaie nicht schaden würde, wenn wir öfter mal Sinn-los einkaufen würden.

Der Duft, der Kunden provoziert!

Gerüche beeinflussen unser Denken und Fühlen fundamental. Wenn wir das Parfum eines oder einer Verflossenen riechen, fühlen wir uns stark an ihn oder sie erinnert. Wenn uns der Geruch von Desinfektionsmittel in die Nase steigt, spüren wir Beklemmungen und denken vielleicht an wenig erfreuliche Kranken- oder Zahnarztbesuche zurück. Wenn wir ein neues Waschmittel ausprobieren, sind wir über die andere Duftnote zunächst irritiert. Und riechen wir Penaten-Creme (Sie wissen schon, die, mit denen unsere Mütter uns den wunden Popo eingecremt haben), wächst in uns das Gefühl von Geborgensein und Unbeschwertheit.

Chemische Duftmoleküle lösen im Gehirn Reaktionen aus. Das hat vor allem damit zu tun, dass die Nase als Riechorgan und der Hippocampus, also die Gehirnregion, die unsere Gedächtnisinhalte verarbeitet, nahe beieinander liegen. Mit Düften können wir deshalb wie mit einer Fernbedienung gesteuert werden.

Ein einfaches Beispiel kennen wir alle: Der Duft von frischen Backwaren ist bei allen Kunden beliebt – übrigens als einziger Duft überall auf der Welt. Dass sich bei vielen Supermärkten eine Bäckerei am Eingang befindet, ist deshalb kein Zufall. Durch den Duft von frisch Gebackenem werden erst unser Appetit und dann unsere Kauflust angeregt. Deshalb wird deren Duft mit Ventilatoren in den Verkaufsraum geblasen. Und wenn sich die Bäckerei oder auch ein Brotbackautomat aus baulichen Gründen irgendwo im Laden befindet, wird der Duft der frischen Backwaren nicht selten über versteckte Rohre in den Bereich geleitet, in dem Kaffee, Marmelade und Zerealien (verdammtes Neudeutsch: Alles eben, was mit Frühstück zu tun hat!) im Regal stehen.

Und wie geht es Ihnen, wenn Sie frisch gemahlenen oder frisch gebrühten Kaffee riechen? Ist Ihnen in diesem Zusammenhang schon mal aufgefallen, dass bei den Kaffeepaketen auf einer Palette oder im Regal immer eine Packung Kaffeepulver geöffnet ist? Was aussieht, als sei aus Versehen eine Packung kaputtgegangen, ist in Wahrheit die Absicht, dass es beim Kaffee eben nach Kaffee riecht.

Mit Düften können wir beim Einkaufen wie mit einer Fernbedienung gesteuert werden.

Wie Sie mit Zitrusduft Drachen besänftigen

Wie stark Düfte unser Verhalten beeinflussen, zeigt auch folgende Studie: In einem Experiment wurden Probanden in einen Raum gebeten, in dem ohne ihr Wissen ein Putzeimer mit einem Allzweckreiniger abgestellt worden war. Der hiervon ausgehende Zitrusduft war so gering, dass kein Versuchsteilnehmer den Duft bewusst wahrnahm. Im Vergleich zur Kontrollgruppe, bei welcher der Putzeimer fehlte, hatten die dem Zitrusduft ausgesetzten Versuchsteilnehmer in einem Worttest mehr sauberkeitsbezogene Assoziationen und verließen den Versuchsraum ordentlicher. Offensichtlich entschlüsselt das Gehirn automatisch die Bedeutung des Zitrusdufts. Es verbindet damit Reinlichkeit, Saubermachen und Putzen und löst unbewusst entsprechende Verhaltensprogramme aus.

Shopping-Forscher machen sich solche Erkenntnisse in der Praxis zunutze. In Mehrfamilienhäusern kann dieser Effekt maßgeblich zur Befriedung der Situation beitragen. Immer wieder bekam A. H. Ärger mit dem Hausdrachen aus dem 1. Stock, dem der Treppenflur nie sauber genug sein konnte. Auch wenn er noch so ordentlich geschrubbt, gewischt und gefegt hatte, immer wieder wurde gemeckert und geschimpft. Dies änderte sich erst, als H. vom neutralen Reiniger auf ein kräftig nach Zitronen riechendes Reinigungsmittel umstieg. Plötzlich war alles in bester Ordnung, H. wurde jedes Mal eine tadellose Reinigungsleistung attestiert (und das, obwohl H. sich immer weniger Mühe gab). Der Zitronenduft alleine, der das ganze Treppenhaus durchströmte, besänftigte den Hausdrachen. Apropos Drachen: In der Partnerschaft funktioniert das übrigens auch. Wenn sich Ihre Partnerin oder Ihr Partner über mangelnde Sorgfalt beim Bodenwischen oder Badreinigen beklagt, versuchen Sie es statt Streit doch mal mit einem anderen Reinigungsmittel …

Damit wir Einkaufen dufte finden

Erfolgreiche Handelsunternehmen setzen Düfte mittlerweile ganz bewusst ein, um Kunden zu steuern. Eine wissenschaftliche Studie belegt in diesem Zusammenhang, dass Kunden im Durchschnitt 10 % mehr Geld ausgeben, wenn sie auf die richtigen Düfte treffen. Die Parfümerie im Kaufhaus betört durch edle Duftaromen (was nicht wenige Kunden aber auch durchaus als penetrant und unangenehm empfinden können), in der Damenabteilung riecht es nach Frühling und in der Sportabteilung nach Zitrone. In der Outdoor-Abteilung strömen Wald- und Erdaromen in unser Riechorgan, und bei den Weihnachtsartikeln duftet es nach Zimt.

Weil die Beduftung über die allgemeine Klimaanlage nicht zielgenau funktioniert, bedienen sich immer mehr Handelsunternehmen spezieller Beduftungsanlagen, die ein bestimmtes Regal, eine bestimmte Zone oder sogar ein bestimmtes Produkt sanft beduften. Manche Verpackungen sind mit Ventilen versehen, damit der intensive Geruch ausströmen kann. Sogar Mikrokapseln kommen zum Einsatz. Sie sind im Lack von Verpackungen und setzen aromatische Düfte frei, sobald jemand die Ware in die Hand nimmt.

Düfte wirken bei den Geschlechtern unterschiedlich. Frauen kaufen mehr ein, wenn es leicht nach Vanille riecht. Männer hingegen geben bei dezent würzigen Düften mehr Geld aus. Beiden Geschlechtern ist gemeinsam, dass störende Düfte auf jeden Fall vermieden werden müssen. So darf es in der Fischabteilung natürlich nicht nach Fisch riechen, sondern eher nach salzigem Meer.

Frauen konsumieren mehr, wenn es leicht nach Vanille riecht. Männer hingegen geben bei dezent würzigen Düften mehr Geld aus.

Wie wichtig ist Ihnen der Duft bei Ihrem Waschmittel, bei Ihrem Shampoo oder bei Ihrem Duschgel? Untersuchungen haben gezeigt, dass sich bei diesen Artikeln 40 % der Kunden alleine wegen des Duftes immer wieder für das gleiche Produkt entscheiden.

Einkaufsmusik – eine Wissenschaft für sich

Das Hören ist der wahrscheinlich wichtigste Sinn des Menschen. Denn wenn unsere Augen versagen (etwa in der Dunkelheit, wenn sich etwas von hinten nähert oder beim Schlafen mit geschlossenen Augen), sind wir einzig und alleine auf unser Gehör angewiesen.

Die Hintergrundmusik im Einkaufsgeschäft soll uns in eine angenehme Stimmung versetzen. Denn: In einem geräuscharmen Umfeld beginnt der Mensch, sich unwohl, vielleicht ängstlich oder unsicher, vielleicht verlassen oder beobachtet zu fühlen – daher das sprichwörtliche Pfeifen im Walde. Außerdem kann Hintergrundmusik die unangenehmen Geräusche beim Einkaufen – das Klappern der Einkaufswagen, das Schreien kleiner Kinder, die Fahrgeräusche der Palettenfahrzeuge, das Piepsen der Kasse – überdecken oder zumindest abmildern.

Unternehmen setzen Hintergrundmusik ein, um bedrückende Stille zu vermeiden und von störenden Nebengeräuschen abzulenken.

Doch auch der Einsatz von Hintergrundmusik ist ein Vabanque-spiel: Was dem einen Kunden gut gefällt, nervt den anderen. Deshalb gilt: Je einheitlicher der Musikgeschmack der gerade im Geschäft anwesenden Kunden ist, desto einfacher fällt es, die passende Musik herauszusuchen. Morgens, wenn viele Rentner einkaufen gehen, läuft deshalb ganz andere Musik als in der Mittagspause oder abends, wenn eher die Berufstätigen im Geschäft sind.

Supermarktbetreiber schalten je nach Tageszeit unterschiedliche Hintergrundmusik mit dem Ziel, die jeweils anwesende Zielgruppe möglichst genau anzusprechen.

Die Auswahl der richtigen Supermarkt-Musik ist eine Wissenschaft für sich, denn sie muss natürlich zur Kundengruppe passen, damit sie gefällt. Einige Unternehmen haben diese Marktlücke für sich entdeckt und sich auf die Komposition von Supermarkt-

Musik spezialisiert. Denn diese muss einerseits laut genug sein, um wahrgenommen zu werden, und andererseits leise genug sein, um schön dezent zu bleiben. Sie muss abdämpfen, darf aber nicht dominieren. Der Kunde muss sich wohlfühlen.

Kunden, denen die Musikrichtung gefällt, sollen sich daran erfreuen. Kunden, denen die Musikrichtung nicht so gefällt, sollen sich nicht daran stören. Da sind weiche Klänge und ein unaufdringliches Tempo gefragt. Die beste Musik hat – so haben Untersuchungen gezeigt – 72 Taktschläge pro Minute. Dies entspricht unserem Ruhepuls und bewirkt, dass wir unsere Einkaufsgeschwindigkeit drosseln und zu schlendern beginnen. Auch sanfte Musik bringt uns dazu, langsamer durch den Laden zu flanieren. Wir betrachten die Produkte länger und kaufen mehr. Sie merken schon, das Ganze ist eine Wissenschaft für sich.

Die ideale Einkaufsmusik hat 72 Taktschläge pro Minute und entspricht damit unserem Ruhepuls.

Eine weitere Möglichkeit, den Kunden über den Hörsinn anzusprechen, bietet der Einsatz eines speziellen Einkaufsradios: Neben Musik und Kurznachrichten wird in kurzen Spots auf aktuelle Angebote und das Sortiment hingewiesen. Deutschlands größtes Marktforschungsunternehmen, die GfK mit Sitz in Nürnberg, hat herausgefunden, dass in Geschäften, in denen Einkaufsradio zu hören ist, der Absatz um durchschnittlich ein Viertel höher liegt als in Märkten, die nicht über Einkaufsradio verfügen.

Und ist Ihnen schon mal aufgefallen, dass die Einkaufswagen heutzutage viel leiser sind als in vergangenen Tagen? Richtig, denn die Hersteller von Einkaufswagen bieten heute Rollen an, die deutlich geräuschärmer laufen als früher. Denn dann fühlt sich der Kunde nicht durch das Klappern seines Gefährts gestört.

Was Volksmusik mit einem nackten Hintern zu tun hat

Dass Musik die Kaufentscheidung beeinflusst, konnte in zahlreichen Studien nachgewiesen werden. Die teure Damenwäsche von Victoria's Secret etwa wurde einer amerikanischen Studie zufolge bei klassischer Musik im Hintergrund deutlich hochwertiger angesehen als ohne musikalische Begleitung.

In einem amerikanischen Weinladen griffen die Kunden zu teureren Weinflaschen, als die Musik von Popmusik auf leichte klassische Musik umgestellt wurde. Und in einem britischen Supermarkt stieg bei deutscher Volksmusik im Hintergrund der Absatz deutscher Weine und bei französischen Chansons der Absatz der französischen Weine. Egal, ob Sie nun Volksmusik hassen oder nicht – wenn die Fischerchöre jubilieren und Sie gerade vor dem Weinregal stehen, ist die Wahrscheinlichkeit sehr groß, dass Sie zu einem deutschen Produkt greifen, etwa zum »Kröver Nacktarsch«, einem bekannten Moselwein. Und das, obwohl Sie eigentlich vorhatten, einen leichten Italiener zu kaufen.

Dass Sie einen Frascati oder einen Chianti auswählen, ist wesentlich wahrscheinlicher, wenn Adriano Celentano Ihnen aus den Boxen »Azzurro« zuraunzt. Und teuer wird es bei Vivaldis Vier Jahreszeiten, denn diese Klänge bringen Sie in Festtagsstimmung, in der Sie unter einem »Brunello di Montalcino« nicht wegkommen.
Jede Musik versetzt uns in eine andere Stimmung und Kauflaune, und das wissen die Marketingstrategen natürlich. Das alles funktioniert ganz subtil und ist doch so einfach. Wir würden ja schließlich auch genau überlegen, ob wir zum romantischen Abendessen Ravel oder AC/DC auflegen.

Klassische Musik bewirkt, dass wir Produkte höherwertig einstufen und auch häufiger zu höherpreisigen Produkten greifen.

See me, touch me, buy me (frei nach der englischen Rockgruppe The Who)

In vielen Fällen verlassen wir uns nicht auf unsere Augen, sondern wir wollen die Produkte anfassen und uns auf diese Weise von deren Qualität überzeugen. Der Handel bietet uns deshalb die Möglichkeit, Waren zu berühren und in die Hand zu nehmen. Hochwertige Verpackungen punkten bei uns durch eine glatte Oberfläche. Die Frische von Obst und Gemüse testen wir durch leichten Druck unserer Finger. Das Kleidungsstück wollen wir durch die Hände gleiten lassen.

Bei vielen Produkten und hier insbesondere Gebrauchsgütern wie beispielsweise Textilien verlassen wir uns in letzter Konsequenz auf unseren Tastsinn.

Wenn wir die Waren anfassen, steigt die Wahrscheinlichkeit, dass wir sie auch erwerben. Untersuchungen haben gezeigt, dass die Wahrscheinlichkeit, dass Frauen ein Schmuckstück kaufen, um 50 % steigt, wenn sie es anfassen durften.

Nicht ohne Grund gilt es für den gewieften Verkäufer als Abschlusssignal, wenn ein Kunde die Ware in die Hand nimmt. Deshalb fordern Verkaufsprofis dazu auf, das Produkt einmal in den Händen zu wiegen, es anzufassen oder über die Oberfläche zu streichen. Und ab diesem Punkt stellt der Verkäufer seine Fragetechniken um. Jetzt verzichtet er auf offene Fragen (»Wie gefällt Ihnen dieses Produkt?«), sondern stellt nur noch Alternativfragen (»Was gefällt Ihnen besser: Das Produkt in rot oder blau?«). So führt er den Kunden schrittweise zur Kaufentscheidung.

Wie wichtig es sein kann, die Ware in die Hand zu nehmen, zeigt uns auch das Beispiel des Premium-Anbieters Bang & Olufsen. In dessen HiFi-Anlagen ist zusätzliches Aluminium verbaut, um sie schwerer und damit hochwertiger erscheinen zu lassen.

Wenn wir die Ware anfassen können, steigt die Kaufwahrscheinlichkeit sprunghaft an.

Wir fühlen jedoch nicht nur mit unseren Händen, sondern mit unserer gesamten Hautoberfläche. Aus diesem Grund ist auch die Raumtemperatur für unsere Einkaufslust fundamental wichtig. Das Optimum liegt hier bei 19 °C. Wenn es kälter ist, kaufen wir zu schnell ein. Wenn es wärmer ist, werden wir träge und haben keine Lust, Geld auszugeben. Auch die relative Luftfeuchtigkeit im Einkaufsgeschäft spielt eine Rolle: Einen Wert von 40 bis 50 % empfinden wir als angenehm. Damit im Winter durch die Beheizung die Luftfeuchtigkeit nicht absinkt, setzen viele Handelsunternehmen Luftbefeuchtungsgeräte ein.

Aus Sicht der Handelsunternehmen beträgt die ideale Einkaufstemperatur 19 ° Celsius bei 40 bis 50 % relativer Luftfeuchtigkeit.

Die Kassen-Falle: Wehe, wehe, wenn ich auf das Ende sehe! Vorsicht Schlange!

Leiden Sie an Ophidiophobie? Höchstwahrscheinlich ja, jedenfalls im Supermarkt. Bevor Sie jetzt das Fremdwörterlexikon zur Hand nehmen oder eine bislang unerkannte Hypochondrie bei Ihnen ausbricht, hier die Erläuterung: Im antiken Griechenland galt »óphis« als heilig. Für die Chinesen ist sie das Sinnbild für böse Schlauheit und Hinterlist. Und auch wir Kunden sollten uns vor ihr hüten: Die Rede ist von der Schlange.

Die Ophidiophobie ist eine spezifische Angststörung und bezeichnet die krankhaft übersteigerte Furcht vor Schlangen. Der Ophidiophobiker meidet Schlangen und schlangenähnliche Tiere. Dabei ist es egal, ob die Schlange giftig ist oder nicht. Da uns im Supermarkt aber gewöhnlich keine Schuppenkriechtiere über den Weg laufen, ist hier natürlich die Warteschlange vor der Kasse gemeint. Und wer würde diese wohl nicht gerne meiden.

Um die Wartezeiten zu verkürzen, richten einige Unternehmen mittlerweile Selbstbedienungskassen ein. Dabei zieht der Kunde die Ware selbst über einen Scanner und bezahlt dann mit einer EC-Karte. Ein Mitarbeiter beaufsichtigt mehrere Kassen. Während in den USA bereits jede zehnte Kasse vom Kunden selbst bedient wird, setzen hierzulande noch wenige Unternehmen auf solche SB-Terminals. Dazu zählen der Großhändler Metro, die Supermarktkette Real, das Bekleidungshaus Peek & Cloppenburg sowie das Möbelhaus IKEA.

Mittels RFID-Technik mit kaum sichtbaren Funkchips, die Daten wie den Preis und die Lieferkette speichern und leicht ausgelesen werden können, wird es für den Kunden zukünftig möglich sein, seine Waren in den Einkaufswagen zu legen und an einem Lesegerät vorbeizufahren, das die Preise zusammenrechnet und die Abbuchung vom Konto veranlasst.

Deutschland in der Spitzengruppe

Doch zurück in die Gegenwart. In kaum einem anderen Land stehen die Kunden länger an der Kasse als in Deutschland. Zu diesem Ergebnis gelangt das Beratungsunternehmen Grass Roots Performance, in deren Auftrag mehr als 2.500 Testkunden in 24 europäischen Ländern einkauften. Während die deutschen Verbraucher durchschnittlich 7 Minuten in der Warteschlange stehen, sind dies in Österreich gerade einmal 2,7 Minuten. Aus 4,7 Kunden besteht hierzulande die durchschnittliche Warteschlange, lediglich in Italien und Griechenland sind es noch mehr. Jeder vierte Kunde verlässt wegen der Warterei an der Kasse frustriert den Supermarkt. In der Hälfte der getesteten Geschäfte hätte die Wartezeit durch Öffnung einer zusätzlichen Kasse verkürzt werden können.

Die deutschen Verbraucher stehen durchschnittlich 7 Minuten in der Warteschlange und gehören damit im negativen Sinn zur internationalen Spitzengruppe.

Immer sind die anderen schneller

Wer kennt das nicht? Wir kommen im Supermarkt an die Kassen und reihen uns dort an, wo die wenigsten Kunden warten. Kaum stehen wir an, haben wir das Gefühl, dass es an einer anderen Kasse schneller vorangeht. Wir beginnen zu zweifeln und überlegen, ob es nicht besser wäre, wenn wir die Kasse wechseln würden: Dort drüben wären jetzt nur noch drei Einkaufswagen vor mir. Und in meiner Schlange sind es noch fünf. Die Entscheidung ist gefallen, wir wechseln die Kasse. Und kaum stehen wir dort an, legt die Kassiererin an unserer vorherigen Kasse den Turbo ein und die Schlange schrumpft in Rekordgeschwindigkeit. Es ist zum Mäusemelken.

Mathematiker haben das Phänomen Warteschlange intensiv untersucht und Überraschendes zu Tage gefördert: Nicht die Länge der Schlange, sondern andere Faktoren sind verantwortlich dafür, wie schnell es an der Kasse vorangeht. Wie viele Artikel liegen im Einkaufswagen? Wie schnell packen die Kunden ihre Ware in den Einkaufswagen? Muss die Kassierkraft die Ware drehen, damit der Scanner den EAN-Code erfassen kann? Kramen die Kunden in ihrem Portemonnaie nach Kleingeld (»Moment, ich hab's passend!«)? Funktioniert die EC-Kartenzahlung? Wird die PIN falsch eingegeben? Vertippt sich die Kassierkraft und muss ein anderer Mitarbeiter dazugeholt werden, um die Buchung zu stornieren? Und, und, und.

Untersuchungen haben aber gezeigt, dass man die Kasse meiden sollte, die am nächsten am Kundenstrom liegt. Denn hier stellt sich der Großteil der Kunden aus einfacher Bequemlichkeit an. Und auch die Kasse, die am weitesten vom Kundenstrom entfernt ist, empfiehlt sich nicht. Denn hier stehen die Kunden, die besonders schlau sein wollen. Und das sind erfahrungsgemäß nicht wenige. Es empfehlen sich Express-Kassen, die für Kunden mit weniger als zehn Artikeln eingerichtet werden. Und wohl keine Kassierkraft wird uns wegschicken, wenn es mal 13 Artikel sein sollten.

Dass wir übrigens immer das Gefühl haben, an der falschen, der langsameren Kasse zu stehen, ist schon eine Frage der Wahrscheinlichkeit. Wenn wir an einer von drei Kassen stehen, ist die Wahrscheinlichkeit, dass es an unserer am schnellsten geht, eins zu drei. Dass in einem großen Verbrauchermarkt mit 15 offenen Kassen unsere die schnellste ist, ist also ungefähr so wahrscheinlich wie ein 3er im Lotto.

Kassenwechsel lohnt sich in den meisten Fällen nicht. Man sollte weder die Kasse wählen, die am nächsten am Kundenstrom liegt, noch die, welche am weitesten davon entfernt liegt. Bei wenigen Artikeln empfehlen sich Express-Kassen.

Handelsexperten stimmen darin überein, dass die Zufriedenheit von Kunden am stärksten durch die Wartezeit an der Kasse beeinflusst wird. Wenn wir zu lange warten und uns zu langweilen beginnen, steigen Blutdruck sowie Adrenalinspiegel an und wir werden ärgerlich. Dabei überschätzen wir die Wartezeit. Müssen wir länger als 90 Sekunden warten, kommt uns die Zeitspanne länger vor, als sie tatsächlich ist. Wahrnehmungspsychologen bezeichnen dieses Phänomen als Kontrasteffekt: Unsere Psyche spielt uns einen Streich, indem sie die wahrgenommene Zeitspanne wie einen Kaugummi in die Länge zieht. Und das gilt erst recht, wenn wir sehen, dass es an einer anderen Kasse schneller geht.

Ab 90 Sekunden kommt uns die Wartezeit länger vor, als sie tatsächlich ist. Je stärker wir an der Richtigkeit unserer Kassenwahl zweifeln, umso länger kommt uns die Wartezeit vor.

Auf der Suche nach der Turbo-Kasse

Wenn Sie durch die Wartezeiten an der Kasse genervt sind, sollten Sie zu Unternehmen wechseln, die den Kassiervorgang optimiert haben. An der Spitze steht hier zweifellos der Discountprimus mit dem großen A im Firmenlogo, wie Untersuchungen belegen.[22]

Damit der Scanner die Ware problemlos lesen kann, ist dort die EAN-Codierung auf mehreren Seiten angebracht. So muss die Kassierkraft die Ware nicht mehrfach drehen, bis das Lesegerät den Code erfassen kann, sondern nur einmal über den Laserstrahl ziehen. Der Einkaufswagen muss in einer Einbuchtung geparkt werden und eine lange Ablagefläche sucht man hier vergeblich. Dies zwingt uns dazu, nicht herumzutrödeln, sondern die Ware direkt und schnell in den Einkaufswagen einzuräumen. Das drehbare EC-Kartenlesegerät ist narrensicher aufgebaut und die Kassierkraft unterstützt uns dabei, die Karte richtig einzuschieben. Und sollten wir bar bezahlen, hat die Kassierkraft bereits die Münzen bis zum nächsthöheren runden Betrag in der Hand, sodass wir gar nicht damit anfangen, nach Cent-Stücken in unserem Geldbeutel zu kramen. Letzteres hat übrigens erhebliche Auswirkungen auf das Cash-Management: Denn es fließt viel mehr Münzgeld zu den Kunden, als umgekehrt in die Kassen strömt.

So, jetzt müssen Sie entscheiden. Fühlen Sie sich durch einen so optimierten Kassiervorgang über Gebühr gestresst und unter Druck gesetzt? Oder sind Sie von den täglichen Warteschlangen so genervt, dass Sie einen Schrittmacher beim Kassiervorgang akzeptieren, der Ihnen und insbesondere Ihren Vorgängern Beine macht?

Finger weg von Impulsartikeln!

Wie aber können uns die Anbieter die Wartezeit verkürzen? Am leichtesten gelingt dies, wenn wir weiter einkaufen. Deshalb legen uns die Supermarktbetreiber so viele schöne Produkte vor die Nase, die wir ohne viel Entscheidungsaufwand sofort in unseren Einkaufswagen packen können. Solche Artikel nennt der Marketingexperte Impulsartikel. Denn wir denken bei solchen Produkten nicht nach, ob der Einkauf sinnvoll und notwendig ist, sondern wir werden von Reizen quasi ferngesteuert. Und das Schlimme dabei ist, dass die Waren in der Kassenzone oft so kalkuliert sind, dass sie hohen Gewinn abwerfen.

Der Grund ist einfach: Die Situation, dass wir uns ziemlich schnell entscheiden müssen, weil der Kunde vor uns sich nach vorne bewegt, der kleine Preis der kleinen Packung und die fehlende Möglichkeit, Preise zu vergleichen, lassen uns schnell zu einem Produkt greifen, ohne dass wir merken, dass die etwas größere Packung im Standardregal günstiger gewesen wäre.

Untersuchungen bestätigen diese Erfahrung: Der Anteil der Süßwaren an den Impulskäufen ist überdurchschnittlich hoch. Eine Untersuchung vom Nürtinger Handelsprofessor Michael Lerchenmüller kommt zu dem Ergebnis, dass rund 60 % der Süßwarenkäufer am Beginn des Einkaufs nicht vorhatten, Süßigkeiten zu kaufen. Bei Süßwaren ist die richtige Platzierung also besonders wichtig. Und die Kasse ist hierfür ein geeigneter Ort. Auch bei den Discountern findet man zahlreiche Impulsartikel in der Kassenzone. Das einzig Positive dabei: Die dort feilgebotenen Artikel kosten genauso viel wie im normalen Süßwarenregal 20 m entfernt.

Finger weg von Waren in der Kassenzone. Diese Produkte sind oft die teuersten im Supermarkt.

Dass Zigaretten an den Kassen angeboten werden, hat übrigens einen anderen Grund. Zigarettenpackungen sind extrem diebstahlgefährdet. Sie sind klein, handlich und haben einen relativ hohen Wert. Sie werden nicht so viele Produkte im Supermarkt finden, die so leicht, so klein und zugleich aber 5 € wert sind. Und an der Kasse haben die Mitarbeiter die Glimmstängel einfach besser im Blick. Im Drogeriemarkt sind es die Rasierklingen, die wegen derselben Problematik in Kassennähe oder in speziellen Spendern verkauft werden.

Schickt sie uns jung, dann gehören sie uns für immer!

Sparen Sie sich das Geld für Ihren nächsten Theaterbesuch. Und gehen Sie lieber in den Supermarkt. Denn hier spielen sich die wahren Dramen ab, und das sogar noch ganz real. Generationenkonflikte, Drohungen, Wutausbrüche, Weinkrämpfe und Freudentänze. Das ganze Spektrum emotionaler Höhepunkte ist hier zu beobachten.

Und wie bei jedem richtigen Drama erreicht der Handlungsablauf gegen Ende seinen Höhepunkt. Und das ist die Kassenzone, von manchem etwas verharmlosend als Quengelzone bezeichnet. Als Zuschauer mag das Ganze interessant zu beobachten sein. Anders sieht es jedoch aus, wenn man in das dramatische Geschehen unmittelbar eingebunden ist.

Leidgeprüfte Eltern können ein Lied davon singen: Unternehmen versuchen mit allen Tricks, die Kinder zum Kauf ihrer Produkte zu verführen. Und so wird der Gang durch den Supermarkt und hier insbesondere das Warten an der Kasse zur ernsthaften Belastung einer ansonsten intakten Eltern-Kind-Beziehung. Schon 1939 gab es einen ersten Ratgeber für Handelsunternehmen, in dem auch auf die Rolle der Kinder hingewiesen wurde. Christine Fell vom Deutschen Jugendinstitut in München spricht in diesem Zusammenhang heute von einer Kommerzialisierung der Kindheit. Denn die Bedeutung der Kids als Wirtschaftsfaktor hat in den letzten Jahrzehnten ständig zugenommen. Diese Entwicklung lässt sich an folgenden Punkten ablesen:

– Die Menge an TV-Werbung, die sich an Kinder richtet, steigt jährlich um rund 15 bis 20 % an. Rund 17 % der Werbespots sind eindeutig an Kiddies adressiert. In der Vorweihnachtszeit ist es sogar ein Drittel aller Werbespots.

– Immer mehr Marktforschungsinstitute, wissenschaftliche Studien und Publikationen beschäftigen sich mit dem Thema Kinder-Marketing.

– Mehr und mehr Produkte werden ausschließlich für Kinder entwickelt. Stellvertretend hierfür stehen die Überraschungseier von Ferrero, die Nimm-2-Bonbons von Storck oder die Markenfamilie Leo Lausemaus, die von ALDI Süd ins Leben gerufen wurde und deren Produkte nur für die Jüngsten sind. Und ganz zufällig gab es bereits vorher eine gleichnamige Buchserie, in deren Mittelpunkt die sympathische Maus steht.

Warum aber sind die Kinder für Unternehmen zunehmend wichtig? Ganz einfach. Sie haben immer mehr eigenes Geld und beeinflussen die Kaufentscheidungen ihrer Eltern und Großeltern immer stärker. Kinder im Alter von 6 bis 9 Jahren verfügen in Deutschland über mehr als 1.000 € im Jahr. Wie die Kids-Verbraucher-

Analyse herausgefunden hat, bekommen die 6- bis 13-Jährigen durchschnittlich 22 € Taschengeld im Monat. Die Geldgeschenke belaufen sich auf 170 € im Jahr, und auf dem Sparbuch liegen noch einmal 700 €.[23]

Aber Kinder kaufen nicht nur selbst, sie beeinflussen auch die Kaufentscheidungen der Eltern: Eine Untersuchung der Universität Wien hat ergeben, dass Familien, die mit Kindern einkaufen, häufig dem Weg folgen, den die Kinder einschlagen. Da die Familien immer kleiner werden, steigt die Macht des einzelnen Kindes bei familiären Kaufentscheidungen. Außerdem beziehen immer mehr Eltern ihre Kinder in Entscheidungen mit ein. Dies betrifft dann nicht nur Urlaubsreisen oder Möbel, sondern immer öfter auch Lebensmittel.

Vater oder Mutter instrumentalisieren Kinder als »Koalitionspartner«, um Kaufentscheidungen durchzusetzen. In der Informationstechnologie und Unterhaltungselektronik sind nicht selten die Kinder besser als die Eltern informiert. Und nicht zuletzt wird auch deswegen viel Geld für Kinder ausgegeben, weil die Eltern im Falle von Scheidung oder Berufstätigkeit beider Elternteile mit ihren Kindern teuer einkaufen gehen, um das schlechte Gewissen zu beruhigen.

Kleine Kinder können die Eltern beim Einkaufen und Geldausgeben aber auch stören. Deshalb bieten manche Händler Beschäftigungsmöglichkeiten für Kinder an. IKEA mit seiner Kinderbetreuung im »Småland« und kostenloser Babynahrung oder das Kinderkino bei H&M oder C&A sind Beispiele. Der Grund für dieses Angebot liegt aber nicht nur darin, dass die Eltern entspannt einkaufen, weil die Kinder beschäftigt sind. Der Vorteil ist auch, dass die Kinder gerne wieder dorthin möchten, wo es ihnen gefallen hat.

Im Ausland ist man noch weiter: Der britische Supermarktriese Tesco hat einen Kids-Club gegründet, dem rund 200.000 Kinder angehören. Sie bekommen regelmäßig Post von Tesco, mit lustigen und unterhaltsamen Spielen und Comics, aber auch mit geschickt verpackter Werbung für Produkte, welche die Kinder interessieren könnten.

Im Alter von sieben oder neun Jahren wechselt die Kaufentscheidung von den Eltern (meistens der Mutter) auf das Kind über. Die Marketingexperten Raab und Unger haben es mit einer Kundenbeobachtung untersucht: Wenn Eltern mit Kindern einkaufen, wünscht sich in zwei von drei Fällen das Kind vor dem Cornflakes-Regal eine Packung. In knapp 73 % der Fälle wurden Cornflakes gekauft, in knapp 64 % der Fälle sogar die Marke, die sich das Kind gewünscht hatte.

Für Kinder ist das Einkaufen ein wichtiger Teil des Lebens. Sie lernen, sich in der Öffentlichkeit zu benehmen, etwas zu tun, was auch Erwachsene tun, und sie lernen, eigene Entscheidungen zu treffen (meist zum ersten Mal im Leben überhaupt beim Einkaufen). Und erinnern Sie sich noch, wie toll Sie es als Kind fanden, wenn Sie mit der Mutter einkaufen gingen und an der Fleischtheke eine Scheibe Wurst bekamen?

Kinder sind nicht nur die Kunden von morgen, sondern eben auch schon von heute. Nicht umsonst ließ sich Ray Kroc, der Gründer von McDonald's und Begründer eines systematischen Kinder-Marketing, von der Maxime leiten: Schickt sie uns jung, dann gehören sie uns für immer!

Infolge der zunehmenden wirtschaftlichen Bedeutung und zu unserem Leidwesen entwickeln Unternehmen immer mehr Produkte, die sich speziell an Kinder richten.

Zauberwaffe Merchandising

Merchandising-Produkte decken heute den gesamten kindlichen Lebensbereich ab. Hierbei kann das Merchandising entweder von einem allgemein bekannten Produkt ausgehen und sich auf die Medien ausweiten – diese Entwicklung hat beispielsweise die Barbiepuppe hinter sich. Nachdem sie sich Jahrzehnte lang als beliebtes Spielzeug in den Kinderzimmern etabliert hatte, folgten Zeichentrickserien, Bücher, Comics und, und, und. Merchandising kann aber auch von medialen Figuren ausgehen. Die Beispiele hierfür sind zahlreich. Pumuckl oder Die Simpsons und viele Disney-Figuren fallen in diesen Bereich.

Auf 70 Mrd. € wird der weltweite Markt für Merchandising-Produkte geschätzt. Hierbei vergeben die Macher von Snoopy, Garfield, Donald Duck oder SpongeBob gegen Entgelt Lizenzen an Unternehmen. Diese können die Figuren nunmehr für ihre Produkte nutzen (etwa Aufdruck der Figur auf der Verpackung) oder eigens dafür neue Produkte entwickeln (etwa Zugabe einer SpongeBob-Figur zur Happy-Meal-Mahlzeit von McDonald's). Die umsatzträchtigsten Bereiche sind Spielzeug, Computerspiele und Bekleidung. Der Einzelhandel interessiert sich in erster Linie für Serien mit bei den Kiddies bereits bekannten, also bereits fest verankerten Helden.

Welch seltsame Blüten Merchandising treiben kann, zeigt folgendes Beispiel: Die Star-Wars-Folge »Die Rache der Sith« ist erst für Jugendliche ab 13 Jahren freigegeben. Aber George Lucas, der Regisseur, hat Lizenzen an die Spielehersteller Hasbro und Lego vergeben. Die Nutzer dieser Produkte sind im Regelfall jünger als 10 Jahre. Einige Fanartikel sind sogar für Dreijährige entwickelt worden. Auch Burger King oder Masterfoods, die Produzenten der Schokonüsse M&M, boten Star-Wars-Motive an. Will ein Kind die – natürlich zeitlich begrenzte – Serie der Star-Wars-Figuren bei M&M komplett sammeln, müsste es 23 kg Schokolade essen. Das sind 20 kg Zucker! Diabetes lässt grüßen.

Diktatur von unten

Eltern unterschätzen den Einfluss ihrer Kinder auf die Kaufentscheidungen im Supermarkt enorm. Kinder sind einfach schlau: Ohne dass die Eltern es merken, sorgen sie dafür, dass die Eltern ihnen ihre Konsumwünsche erfüllen. Wissenschaftler der Universität Wien hatten Eltern mit Kindern beim Einkauf heimlich beobachtet und anschließend befragt: Dabei zeigte sich, dass den Eltern nur die Hälfte der spontanen Einkäufe, welche die Kinder veranlasst hatten, den Eltern auch bewusst war.

Die Kids verlangen insbesondere die Produkte, die sich auf ihrer Augenhöhe befinden. Und nicht ganz zufällig sind die bei den Youngstern so beliebten Überraschungseier von Ferrero in den unteren Regalzonen positioniert. Da Kinder häufig »mit den Händen sehen«, hat dies zu Folge, dass viele Schokoladeneier eingedellt sind. Hinzu kommt der Schütteltest, mit dem gewiefte Kids herausfinden wollen, welches Spielzeug sich im Inneren befindet. Deshalb weist der Hersteller darauf hin, dass beschädigte Eier auch gekauft werden müssen.

Da das Kinder-Überraschungsei im Sommer wegen der Hitze schwerer zu transportieren ist, nicht alle Geschäfte klimatisiert sind und es dazu noch sehr schnell in der Hand eines Kindes schmilzt, fallen die Umsätze im Sommer in den Keller. Also haben die cleveren Leute von Ferrero sich etwas einfallen lassen und das Sommer-Ei namens »Kinder JOY« entwickelt. Es hat keine Schokoladen-Schale, sondern besteht aus zwei Plastikhälften. In der einen befindet sich eine Schokoladencreme, die mit einem Mini-Löffel gegessen wird, und in der anderen das Geschenk, ähnlich wie bei der Kinder-Überraschung. Das Kind bekommt seine Schokolade, seine Überraschung und bleibt sauber. Und die Leute von Ferrero verkaufen auch im Sommer – und somit sind alle glücklich.

Wir unterschätzen den Einfluss von Kindern auf unsere Kaufentscheidungen.

Der Ausweg aus der Quengelfalle

Was aber können wir gegen das Drama an der Kasse tun? Zwar gibt es in einigen Supermärkten Kassen, an denen keine Quengelware platziert wird. Doch die Bettelei beginnt normalerweise schon im Eingangsbereich. Also bleiben nur klare Absprachen im Vorfeld des Supermarkt-Besuchs: Die Kinder dürfen sich eine (und wirklich nur eine!) Schleckerei aussuchen. Eine solche Strategie bietet drei Vorteile:

1. Während die Kinder sich – was bekanntlich sehr lange dauern kann – ihre Süßigkeit aussuchen, können wir ungestört unserem Einkauf nachgehen.

2. Lässt sich das Produkt bereits im Supermarkt konsumieren (zum Beispiel ein Heft, das schon durchgeblättert wird), sind unsere Jüngsten während des Einkaufens beschäftigt.

3. Die Kiddies bleiben meistens bereits am Süßwarenregal kleben und schaffen es überhaupt nicht bis zur Kasse, wo die überteuerten Artikel stehen. [24]

Man sollte den Kindern lieber bereits am Eingang erlauben, etwas zu kaufen, als später an der Kasse gezwungen zu sein, die überteuerten Süßigkeiten in den Kleinstpackungen zu erwerben. Das spart nicht nur Geld, sondern auch Nerven.

Das Ende des Jugendwahns

Aber nicht nur die jungen Kunden sind interessant. Auch die Senioren sind für die Handelsunternehmen eine wichtige Kundengruppe geworden. Marketingexperten haben ihnen so schmeichelnd-liebevolle Namen wie Best Ager, Silber-Generation oder Generation 55plus gegeben. Es gibt vier Gründe, warum die Älteren immer interessanter werden:

Erstens werden die Älteren immer mehr. Im Jahr 1950 war erst jeder siebte Bürger in Deutschland über 60 Jahre alt (und das, obwohl viele junge Leute aus dem Krieg nicht heimgekehrt waren), heute ist jeder fünfte Bürger über 60 Jahre alt, und in 20 Jahren wird es jeder dritte sein.

Zweitens werden die Älteren immer älter. Die Lebenserwartung steigt, und gesundheitliche Aufklärung und medizinischer Fortschritt sorgen dafür, dass die Alten immer länger am Leben teilhaben können.

Drittens fühlen sich die Älteren immer jünger. Untersuchungen zeigen, dass zwischen dem tatsächlichen Alter in Jahren und dem gefühlten Alter ein Unterschied von rund zehn Jahren besteht. 65-Jährige kaufen heute Produkte, die früher von 55-Jährigen gekauft worden wären. Für Handel und Hersteller bedeutet das, dass alte Kunden nicht als alte Kunden angesprochen werden wollen.

Und viertens haben die Älteren mehr Geld zur Verfügung als die meisten anderen Altersgruppen. Hätten Sie gedacht, dass schon heute die über 45-Jährigen mehr Geld für Sportprodukte ausgeben als die Unter-45-Jährigen? Es sind Menschen über 50 Jahre, die 80 % der Luxuswagen, 55 % des Kaffees und 50 % des Mineralwassers kaufen. Die meisten Kreuzfahrten werden von Menschen gebucht, die über 50 Jahre alt sind.

Die Handelsunternehmen beginnen, sich auf die Anforderungen der älteren Generation einzustellen. So gibt es in Gebieten mit stark alternder Bevölkerung Supermärkte, die sich an den Bedürfnissen der Älteren ausrichten: Kleinere Verpackungsgrößen sind für die alleinlebenden Älteren attraktiv, Obst und Gemüse kann auch einzeln gekauft werden, an den Regalen gibt es Lupen, um die Preise zu lesen, und Sitzmöglichkeiten und Wasserspender bieten Gelegenheit, sich auszuruhen und zu erfrischen.

Auch die Werbewirtschaft und die Fernsehsender müssen sich umstellen: Lange haben sie sich auf die Zielgruppe der 14- bis 49-Jährigen konzentriert. Ältere Kunden galten immer als uninteressant, weil man glaubte, dass sie sich ohnehin nicht mehr beeinflussen lassen. Das ändert sich. Und immer mehr Handelsunternehmen setzen auch bewusst wieder ältere Verkäufer ein. Sie können sich gut in die Bedürfnisse ihrer Altersgenossen hineindenken und werden deshalb als Ratgeber von den älteren Kunden eher akzeptiert.

Aber kehren wir nach diesem kleinen Exkurs in die Welt der Jungen und Alten wieder an die Kasse zurück, denn nun kommt der unschönste Teil des Einkaufs und damit das dicke Ende: Das Bezahlen.

Kartenspiele: Entziehen Sie sich dem Röntgenblick!

Geschafft! Endlich sind wir an der Reihe. Die Waren werden eingescannt. Und wenn es dann ans Bezahlen geht, dann kommt sie, die obligatorische Frage: Haben Sie eine Kundenkarte? Haben Sie eine Payback-Karte? Sammeln Sie Punkte? Haben Sie eine Deutschland-Card?

Schauen Sie doch mal in Ihr Portemonnaie. Wie viele Kundenkarten haben Sie drin? Und in wie vielen Kundenklubs sind Sie Mitglied? Experten schätzen, dass in Deutschland rund 100 Millionen Bonuskarten im Umlauf sind, rund 90 % der Deutschen sammeln irgendwo Bonuspunkte. Hierzulande gibt es rund tausend Bonuskartensysteme – mit steigender Tendenz.

Marktführer ist die Firma Loyalty mit ihrer im Jahr 2000 eingeführten Payback-Karte. Diesem gehören mittlerweile rund 20 Unternehmen an (u. a. Galeria Kaufhof, Obi, Aral und dm-Drogerie). Rund 17 Millionen Haushalte verfügen über eine Payback-Karte. Daneben gibt es noch weitere unternehmensübergreifende Rabattsysteme wie die Deutschland-Card, aber auch Kundenkarten von einzelnen Unternehmen.

Ablenkungsmanöver

Wer ein Punkte-System nutzt, wird für seine Treue belohnt. Jedes Mal, wenn wir bei einem teilnehmenden Unternehmen einkaufen, erhalten wir eine bestimmte Anzahl von Punkten, Swops oder Meilen gutgeschrieben. Diese können wir dann später als Gutschrift oder in Form von Sachprämien einlösen. Darüber hinaus schalten die großen Kundenkarten-Anbieter zumeist noch zeitlich begrenzte Sonderaktionen, bei denen den Kartenbesitzern Rabatte auf den Erwerb von (bestimmten) Produkten eingeräumt werden.

An dieser Stelle bietet sich eine intime Frage an: Sind Sie in Ihrer Partnerschaft treu? Glaubt man den Umfragen, dann gilt dies für 40 bis 60 % der Ehepartner nicht. Aber Treue ist genau das, was ein Handelsunternehmen mit Kunden- und Bonuskarten bei uns erreichen will. Doch wie in den meisten Beziehungen gibt es auch in dieser Beziehung Sieger und Verlierer. Und jetzt entscheiden Sie selbst: Was bringt Ihnen die Kundentreue und was verlieren Sie dadurch?

Unternehmen nutzen die Bonusprogramme jedoch nicht nur als Instrument der Kundenbindung. In erheblichem Maße geht es ihnen auch darum, den Preiswettbewerb zu entschärfen. Und hier sind wir wieder bei den bereits viel zitierten Jägern und Sammlern. Denn auf unserer Jagd nach Punkten, Prämien und sonstigen Vergünstigungen verlieren wir eins völlig aus den Augen: Den Preis der Produkte. Und genau das wollen die Unternehmen.

Und wenn wir selbst nicht bezahlen müssen, wird der Anreiz der Punkte noch größer, weil sie uns wie ein Geschenk erscheinen. So haben es die Tankstellenketten mit ihren Sammelsystemen besonders auf die Firmenwagenfahrer abgesehen, die ihre Tankrechnungen beim Chef einreichen können. Wenn die Firma bezahlt, man selbst aber die Prämien abkassieren kann, ist der Anreiz noch größer, nur dort zu tanken, wo es die begehrten Punkte gibt.

Genauso ist es bei den Bonusmeilen der Fluggesellschaften. So manch ein Bundestagsabgeordneter ist schon schwach geworden und hat die Gelegenheit genutzt, seine vom Steuerzahler bezahlten Bonusmeilen für private Reisen einzusetzen. Nur zu dumm, wenn die Presse davon Wind kriegt.

Kundentreue lohnt sich in den meisten Fällen nicht oder wird sogar bestraft. Kundenkarten dienen dazu, uns systematisch von den eigentlichen Preisen der Produkte abzulenken. Dadurch zahlen wir im Regelfall mehr, als wir durch die Boni einsparen.

Der Röntgenblick

Unternehmen wissen zumeist mehr über unser Kaufverhalten als wir selbst. Denn die Kundenkarten enthalten in der Regel einen Magnetstreifen mit hinterlegten Kundendaten (etwa Name, Adresse über Geburtsdatum bis hin zu Haushaltseinkommen, Anzahl der im Haushalt lebenden Personen, deren Freizeitbeschäftigungen und Präferenzen). Diese Daten dienen dazu, Kundenprofile zu erstellen und mit deren Hilfe das Sortiment zu optimieren sowie Streuverluste in Werbung und Verkaufsförderung zu vermeiden.

Noch gefährlicher sind Kundenkreditkarten. Die Unternehmen versprechen sich durch die Vernetzung mit einer Zahlungsfunktion eine häufigere Nutzung der Karte. Datenschutzrechtlich brisant wird es jedoch, wenn die Datenströme bezüglich Sammel- und Zahlungsfunktion nicht strikt voneinander getrennt werden. Dann nämlich wird es beispielsweise möglich, aus dem Kaufverhalten Rückschlüsse auf die Kreditwürdigkeit eines Kunden zu ziehen.

Während Sie Punkte für ein Treuegeschenk sammeln, lesen die Supermarkt-Betreiber in Ihrem Einkaufsverhalten wie in einem Buch. Kaufgewohnheiten werden genau registriert und dazu benutzt, die Warenpalette exakt auf die Kunden abzustimmen. Zum Beispiel finden Unternehmen heraus, welche Produkte häufig zusammen gekauft werden, sodass Warenplatzierung oder Produktbündel entsprechend angepasst werden können. Oder sie können feststellen, welche Kunden gerne neue Artikel ausprobieren. Solche Kunden werden bei der nächsten Produktneueinführung mittels Werbebrief gezielt angesprochen. Der britische Supermarktriese Tesco hat eigens eine Softwarefirma aufgekauft, damit alle Daten der Tesco-Kundenkarte verarbeitet werden können.

Vielleicht werden Sie nun sagen: Dass die Unternehmen meine Daten bekommen, finde ich nicht so schlimm. Wenigstens bekomme ich Punkte für meine Kundendaten, mit denen ich mir was Schönes aus dem Prämienkatalog aussuchen kann! Doch auch hier ist Achtsamkeit angesagt. Die Verbraucherzentrale Nordrhein-Westfalen hat sich genauer angeschaut, wie viele Punkte und damit welcher Gegenwert in € fällig sind, um die Prämien der großen Kundenkartensysteme Payback und Deutschland-Card zu bekommen. Das Ergebnis: Viele der Prämien sind im Online-Handel oder bei Sonderangeboten günstiger zu haben, als wenn die Punkte eingelöst werden. Beim Prämieneintausch Preise vergleichen!

Mit der häufigen Nutzung der Kundenkarte geben wir eine Vielzahl persönlicher Informationen weiter. Und der Tausch der Punkte gegen eine Prämie ist nicht immer ein gutes Geschäft.

Quälen Sie sich beim Geldausgeben!

Der Kunde muss seine Einkäufe natürlich auch bezahlen. Das macht er bequem mit seiner EC-Karte. Dafür schiebt er seine

Karte in das Lesegerät und gibt seine Geheimnummer (PIN) ein. Oder er unterschreibt auf der Rückseite des Kassenbons, dass der Händler den Rechnungsbetrag vom Konto des Kunden abbuchen darf. Sowohl der Händler als auch die Bank speichern die Kontendaten (Kontonummer, Name des Bankinstituts, Name des Kontoinhabers) sowie den Einkaufsbetrag. Der Händler merkt sich zusätzlich die verkauften Waren mit den entsprechenden Preisen. Hinzu kommen noch der Standort der Filiale, der Wochentag und der Zeitpunkt des Einkaufs. Auf diese Weise lassen sich Kundenprofile und bei regelmäßigem Einkauf auch Bewegungsprofile erstellen.

Manchmal werden wir zusätzlich noch nach unserer Postleitzahl gefragt. Das geschieht ganz freundlich und scheinbar unschuldig: »Verraten Sie mir Ihre Postleitzahl?« Mit dieser Information kann das Handelsunternehmen eingrenzen, wo wir wohnen. Und wenn es weiß, woher seine Kunden kommen und was die Kunden in einem bestimmten Postleitzahlgebiet besonders häufig kaufen, können die Werbemaßnahmen, vor allem die Werbezettel in den Briefkästen, zielgenauer verteilt werden.

Doch selbst wenn wir mit Bargeld bezahlen, wird unser Kaufverhalten systematisch durchleuchtet. Getreu dem Motto »Sage mir, was du kaufst, und ich sage dir, was du (noch) brauchst« registrieren Unternehmen parallel zum elektronischen Kassiervorgang mittels Scannerkasse auf einem zweiten Computer beispielsweise, dass ein Kunde viel Käse kauft. Daraufhin wird dem Kunden ein Gutschein über 3 € bei Kauf von Rotwein ausgedruckt. Oder das Handelsunternehmen versucht, den Kunden mittels eines Coupons über 10 % Rabatt für Obst und Gemüse zum Kauf gesunder Lebensmittel zu motivieren. Solche Gutscheine erhält der Kunde gemeinsam mit dem Kassenbon überreicht und kann sie beim nächsten Einkauf einlösen. Demnach dient das Ganze als Kundenbindungsinstrument und soll zum vermehrten Einkauf im gleichen Handelsunternehmen anregen.[25]

Lassen Sie Ihre Kreditkarte im Geldbeutel und bezahlen Sie bar. So sparen Sie zum einen Geld. Denn bares Geld tut Ihnen mehr weh, als wenn Sie mit der Kreditkarte bezahlen. Zum anderen verschließen Sie sich dadurch dem Röntgenblick der Unternehmen.

Der Preis ist nicht immer heiß!

»Der Preis ist heiß«, so lautet der Titel einer in den 90er-Jahren populären Gameshow. Die Kandidaten mussten den Preis von Haushaltsprodukten möglichst genau einschätzen, ohne den Preis zu überbieten. Wer richtig lag, erhielt das jeweilige Produkt als Gewinn. Wissen Sie genau, was Sie für Butter, Toastbrot und Kaffee beim letzten Einkauf bezahlt haben? Falls nicht, gehören Sie zur weit überwiegenden Mehrheit der Konsumenten, die nur wenig über die einzelnen Preise der Artikel in ihrem Einkaufswagen wissen. Der Marketingexperte spricht hier von einer mangelnden Preiskenntnis der Verbraucher.

Verwirrung um jeden Preis

Die meisten von uns haben bei all den unterschiedlichen Angebotsformen den Überblick verloren. Und genau das ist gewollt – denn wenn wir preisverwirrt sind, schalten wir unseren Autopiloten ein, und dann wird es meist teuer. Doch warum ist unsere Preiskenntnis so schwach ausgeprägt, obwohl an jedem Regal die Preise stehen? Weil Hersteller und Handel das ganze Repertoire an Psychotricks einsetzen, den Preis günstiger erscheinen zu lassen, als er tatsächlich ist. Auf diese Weise steigt die Kaufwahrscheinlichkeit und wir erwerben vielleicht sogar mehr, als wir ursprünglich beabsichtigt haben.[26]

Schauen wir doch mal ein ganz normales Prospekt eines ganz normalen Verbrauchermarkts an – das ist der ganz normale Wahnsinn. Da gibt es Spar-Packs und Vorteilsgrößen (»5 für 4«, »jetzt 10 % mehr Inhalt«), Zugaben (Kopfhörer beim Kauf eines MP3-Players), Sonderangebote (»Knüller des Monats«, »Hammerpreis der Woche«), Befristungen (»Nur bis Mittwoch«) und dann noch Tiefpreisgarantie und »Dauerhaft günstig«.

Oder das Preissystem von Globus – wer blickt da noch durch? Ein Auszug aus dem Prospekt des Verbrauchermarktbetreibers:

»Dauernd günstig« sind unsere Normalpreise. Wir vergleichen sie regelmäßig mit den Preisen unserer Mitbewerber. So können Sie sicher sein, dass Sie Ihren Einkaufswagen nirgendwo in der Region günstiger vollmachen.

Am Hinweis »Neuer Preis« erkennen Sie, dass wir einen »Dauernd günstig«-Artikel im Preis gesenkt haben – etwa aufgrund von Wettbewerbsvergleichen oder weil der Einkaufspreis gesunken ist. Am Regal finden Sie jeweils den alten Preis und das Datum der Preissenkung.

»Diese Woche günstiger« sind unsere Wochenangebote, die Sie zum besonders günstigen Werbepreis erhalten. Im Faltblatt erkennen Sie diese Angebote am roten Preis.

Probierpreise sind Angebote aus unserer hauseigenen Fachmetzgerei. Wie der Name sagt, können Sie da unsere Spezialitäten probieren – zu einem besonders günstigen Preis.

»Tiefster Preis« zeigt Ihnen die günstigste Wahl im jeweiligen Sortiment auf, wenn wir Ihnen verschiedene Marken eines Produkts bieten. Es sind Artikel, die Sie nirgendwo günstiger finden. Wenn doch, gilt dieser Preis auch bei uns.

»Radikal reduziert« sind Sonderangebote, bei denen Sie besonders viel sparen, z. B. bei Schlussverkäufen und Sonderposten. Bei diesen Angeboten gilt: »Solange der Vorrat reicht«.

Alles günstig, oder was?
Quelle: http://www.globus.net; Stand: 30.06.2008

Der Vergleich hinkt: Wenn unverbindliche Preisempfehlungen unterschritten werden

Zwar sind Einzelhändler in Deutschland bis auf wenige Ausnahmen – hierzu zählen Kunstgegenstände, Antiquitäten und Gartenpflanzen – per Gesetz zu einer Preisauszeichnung verpflichtet. Die Preisangabe muss für den Verbraucher deutlich erkennbar sowie lesbar sein und dem jeweiligen Artikel zugeordnet werden können. In der Preisauszeichnung liegt für den Einzelhändler jedoch nicht nur eine lästige Pflicht, sondern auch erhebliches Beeinflussungspotenzial.

Beliebtes Instrument ist hier die Preisgegenüberstellung: Hierbei werden die tatsächlichen niedrigeren Preise den unverbindlichen Preisempfehlungen des Herstellers gegenübergestellt. Auf diese Weise vermittelt der Einzelhändler bei uns den Eindruck, dass er die Ware mit deutlichen Preisabschlägen verkauft.

Doch hier ist Vorsicht angebracht. Und zwar immer dann, wenn ein Händler mit der ehemaligen unverbindlichen Preisempfehlung des Herstellers argumentiert. Zur Veranschaulichung dient folgendes Beispiel: Vor einem Jahr empfahl ein Hersteller seinen Händlern für einen LCD-Flachbildschirm X einen Endverbraucherpreis von 999 €. In der Zwischenzeit sind die Preise, wie bei Unterhaltungselektronik üblich, um 30 % gesunken. D. h. die Preise für einen vergleichbaren Bildschirm Y betragen mittlerweile gerade einmal 690 €. Der Händler bietet uns den Bildschirm X für

SIE SPAREN
250,-

unverbindliche
Preisempfehlung
des Herstellers
999,-

749 € und damit rund 25 % unter der ehemaligen, ein Jahr alten Preisempfehlung des Herstellers an. Wir greifen bei diesem vermeintlichen Schnäppchen X zu, hätten ein vergleichbares Produkt Y aber für rund 50 € weniger erwerben können.

Es ist immer dann Vorsicht angebracht, wenn unverbindliche Preisempfehlungen mit dem Zusatz »ehemalig« verbunden sind. Denn dann sind die Preisempfehlungen veraltet und damit häufig unrealistisch hoch.

Der Vergleich hinkt: Wenn die Preise der Konkurrenz unterboten werden

Kennen Sie den Trick mit den gefüllten Einkaufswagen? Nicht selten werben große Verbrauchermärkte mit gut gefüllten Einkaufswagen am Eingang, die einen Preisvergleich zwischen ihrem Geschäft und einem Konkurrenten deutlich machen. So will man zeigen, dass dieser Verbrauchermarkt viel günstiger ist. Der Trick ist einfach: Der Anbieter nimmt eben einfach nur jene Produkte, die bei ihm günstiger sind.

Denn im Regelfall schließen wir vom Preis bekannter (Standard-) Artikel auf das Preisniveau des gesamten Sortiments. Kostet beispielsweise die Butter bei einem Lebensmittelhändler im Vergleich zur Konkurrenz vergleichsweise wenig, schließen wir daraus, dass auch das übrige Sortiment vergleichsweise günstig ist. Wir kaufen dort dann die von uns benötigten Produkte und achten dabei gar nicht mehr auf den Preis jedes einzelnen Produkts.

Dieses vereinfachte Denken machen sich Handelsunternehmen durch die sogenannte Mischkalkulation zunutze. Will ein Unternehmen erfolgreich sein, kann es normalerweise nicht sämtliche Produkte günstiger als die Konkurrenz anbieten. Deshalb stellt es in seinen Prospekten die Preisgünstigkeit bestimmter Produkte heraus. Die wenigsten von uns haben aber die Zeit, ein Produkt-Picking zu betreiben, d. h. von Einkaufsstätte zu Einkaufsstätte zu gehen und dort jeweils nur die Sonderangebote zu kaufen.

Wir neigen vielmehr zum One-Stop-Shopping, in dem wir unseren gesamten Bedarf an Waren des täglichen Bedarfs in einer Einkaufsstätte decken wollen. Deshalb bieten Unternehmen die Produkte, die nicht in der Werbung und damit nicht im Preisfokus stehen, teurer an. Und am Ende kommt es dann zum sogenannten Nullsummenspiel. Das, was wir bei einigen Produkten in unserem Einkaufswagen gespart haben, haben wir bei anderen Produkten mehr ausgegeben.

Gebrochene Preise: Stolpern Sie über Preisschwellen!

Wir entscheiden uns nicht alleine aufgrund der objektiv lesbaren Zahlen, sondern auch wegen der Art und Weise, wie uns die Preisbotschaft übermittelt wird. Und das nennt man Preisoptik.

Zum Instrumentarium der Preisoptik zählen die gebrochenen Preise. Dies hat nichts mit Übelkeit zu tun, sondern mit einer speziellen Form der Preiswahrnehmung: Wir nehmen Preise, die knapp unterhalb runder Beträge angesiedelt sind, günstiger wahr als runde Beträge bzw. Preise, die über einem runden Beitrag angesiedelt sind. Beispielsweise wirkt ein Preis von 3,99 € auf uns deutlich günstiger als ein solcher von 4,00 €, obwohl der tatsächliche Preisunterschied geradezu lächerlich ist.

Verantwortlich für diese Übertreibung – der Fachmann spricht von Kontrasteffekt – ist ein einfacher Vereinfachungsmechanismus in unserem Gehirn: der sogenannte Primacy-Effekt. Primus bedeutet lateinisch »der Erste«. Um Informationen schneller verarbeiten zu können, konzentrieren wir uns auf die erste uns dargebotene Information. Bei einem Preis von 3,99 ist das die 3, sodass wir den Preis dieser Kategorie zuordnen. Was dahinter kommt, blenden wir aus. Und genauso machen wir es mit dem Preis von 4,00 €.

Den Schritt von 4,00 zu 3,99 € bezeichnet man als Preisschwelle. Senkt ein Unternehmen nämlich den Preis von 4,00 auf 3,99 €, dann steigt der Absatz wesentlich stärker an als bei Preisreduzierungen oberhalb dieser Preisschwelle. Hebt man den Preis hingegen von 3,99 auf 4,00 € an, bricht der Absatz erheblich ein. Denn wir empfinden eine solche Preiserhöhung als übertrieben hoch – wir kontrastieren.

Und jetzt wird nachvollziehbar, warum die 9 die mit Abstand häufigste Preisziffer im Einzelhandel ist. Die Handelsexperten Müller-Hagedorn und Wicrich haben ermittelt, dass etwa zwei Drittel aller Preise in deutschen Supermärkten und Drogerien auf 9 enden. Übrigens werden in Deutschland viel mehr gebrochene Preise gemacht als in anderen Ländern.

Einen ähnlichen Effekt wie gebrochene Preise haben abfallende Ziffernabfolgen. Ein Preis von 9.765 € (= absteigende Ziffernabfolge) kommt uns niedriger vor als ein solcher von 9.679 € (= aufsteigende Ziffernabfolge). Und das, obwohl es im vorliegenden Beispiel gerade umgekehrt ist.

Achten Sie bei Preisen nicht nur auf die ersten Ziffern, sondern auch auf das (bittere) Ende.

Bei optischen Reizen verlieren wir den Überblick

Die Frage, wie wir etwas beurteilen, ob wir etwas gut oder schlecht, schön oder hässlich, günstig oder teuer finden, hängt oft davon ab, wie uns der Sachverhalt präsentiert wird. Wie finden Sie eine neue operative Technik, bei der 40 % der Patienten trotzdem sterben? Und wie bewerten Sie eine neue chirurgische Technologie, durch die 60 % der Patienten gerettet werden? Wenn Sie jetzt die zweite Alternative besser finden, haben sie anders bewertet, obwohl es sich um ein und dieselbe Technik handelt. Das Beispiel führt uns eines vor Augen: Es kommt wesentlich darauf an, wie uns etwas dargeboten wird. Und so werden wir auch wesentlich davon beeinflusst, wie uns Anbieter einen Preis nahebringen. Etwa die Schriftgröße auf dem Etikett: Je größer die Preisangabe gestaltet ist, desto preisgünstiger empfinden wir das Angebot.

Ähnlich wirkt die Verknüpfung der Preisangabe mit bestimmten Reizworten (etwa »Sonderangebot«, »Abholpreis«, »Fabrikpreis« oder »nur«) auf uns. Solche Signale vermitteln uns den Eindruck von Preisgünstigkeit und lassen den objektiven Preis in den Hintergrund treten. Wenn wir etwas vermeintlich Günstiges sehen, setzt unser Verstand regelrecht aus.

Auch die Farben der Preisschilder üben eine geradezu magische Anziehungskraft auf uns aus, der wir uns nicht entziehen können. Eine besondere Signalwirkung entfaltet die Farbe Rot, wie folgender Praxisfall belegt: Eine bekannte Supermarktkette erhöhte die Preise für bestimmte Obstsorten, präsentierte den Preis aber nicht wie üblich auf weißen, sondern auf roten Preisschildern. Trotz der Preiserhöhung stieg der Absatz der rot gekennzeichneten Ware sprunghaft an. Unterbewusst verbinden wir die Farbe Rot mit einem besonders günstigen Preis.

Zur Preisoptik gehört auch der Trick, den immer mehr Elektronikhändler anwenden. Neben dem Fernsehgerät steht groß und fett der Preis 149,- €. Und nur wenn wir das kleine Sternchen hinter dem Preis entdecken, sehen wir, dass das Gerät in Wahrheit 6 Monatsraten à 149,- € kostet.

Vorsicht ist auch bei Preis-Rückerstattungs-Garantien angebracht. Diese versprechen, dass wir unser Geld zurückbekommen, wenn wir den Artikel bei einem anderen Anbieter günstiger sehen. Untersuchungen haben gezeigt, dass der Kunde im Falle solcher Garantie-Versprechen beim Einkaufen viel weniger auf die Preise achtet und anschließend auch keine Preisvergleiche in den anderen Geschäften mehr durchführt.

Konzentrieren Sie sich ausschließlich auf den Preis. Lassen Sie sich nicht durch visuelle Reize wie Farben und Größe von Preisangaben, Signalwörtern oder Garantien verführen.

Produktstandorte und Preiswahrnehmung

Die Zweit- bzw. Mehrfachplatzierung von Produkten hat fast zwangsläufig zur Folge, dass wir ein solches Produkt als besonders preisgünstig einstufen. Für die Zweitplatzierung bieten sich exponierte Stellen wie der Eingang, Wartezonen oder der Kassenbereich an. Häufig wird hierbei auch der Paletten-Trick eingesetzt: Indem der Anbieter die Ware auf der Palette darbietet, will er uns signalisieren, dass er aufgrund des niedrigen Preises so wenig an der Ware verdient, dass sich das Einräumen ins Regal nicht lohnt. Ähnlich wirken Schüttplatzierungen auf uns. Sie wissen schon: Diese Halbkugeln voller Produkte, die häufig vor dem Eingang von beispielsweise Drogeriemärkten stehen und an denen wir nicht vorbeigehen können, ohne hineinzuschauen und herumzustöbern. Denn wir glauben, dass es sich hierbei um ein besonders günstiges Angebot handelt.

Außerdem lassen sich durch Platzierung einer Ware in unmittelbarer Umgebung zu einem Produkt, das mit diesem in einer Beziehung steht, Verbundkäufe auslösen. So wird sich beispielsweise Sauce hollandaise in der Nähe des Spargels vergleichsweise gut verkaufen. Supermarktbetreiber machen sich hierbei unsere Bequemlichkeit zunutze. So kosten Soßen, die unmittelbar neben der Pasta angeboten werden, häufig mehr als vergleichbare Produkte im Soßenregal. Um diese günstigeren Soßen zu kaufen, müssten wir nämlich einen längeren Weg zurücklegen. Und daran hindert uns das Energiesparprogramm unseres Autopiloten.

Ware, die auf Paletten oder in Schüttplatzierungen angeboten wird, muss nicht unbedingt günstig sein. Für Ihre Bequemlichkeit zahlen Sie Geld. Kaufen Sie deshalb die Produkte an denjenigen Regalplätzen, wo Sie Auswahl haben und Preise vergleichen können.

Alles ist relativ

Relativität kennt man nicht nur in der Physik, sondern auch in der Wahrnehmungspsychologie: Ein Produkt wirkt auf uns weniger teuer, wenn sich ein noch teureres Produkt in unmittelbarer Nähe befindet.

Stehen zum Beispiel drei ähnliche Produkte mit unterschiedlich hohen Preisen zur Auswahl, wählen wir weder das billigste noch das teuerste Produkt. Wir entscheiden uns vielmehr für die goldene Mitte. Dieses Flucht-zur-Mitte-Phänomen beobachten Forscher insbesondere dann, wenn wir unsere Kaufentscheidung gegenüber Dritten rechtfertigen müssen. Denn dann können wir argumentieren, dass wir weder unnötig viel Geld ausgegeben (was im Falle des teuersten Produkts der Fall wäre) noch schlechte Qualität (was im Falle des billigsten Produkts der Fall wäre) erworben haben. [27]

Wer bei Preisen nur an Zahlen denkt, der täuscht sich. Denn Preise rufen bei uns Gefühle hervor. Sie haben mit Preisstolz, Preisfreude, Preisneid, Preisprestige, Preiseuphorie und Preisärger zu tun. Und jeder von uns weiß, was damit gemeint ist, denn wir alle haben diese Gefühle schon erlebt.

Wie Preisrelativität einem den Urlaub verderben kann

Vor einigen Jahren verbrachte W. S. gemeinsam mit seiner Ehefrau einen All-inclusive-Urlaub in der Türkei. Am ersten Abend an der Bar – die bessere Hälfte war schon auf das Zimmer gegangen – kam das Lieblingsthema einer jeden Urlauberunde auf den Tresen: Wer hat die Pauschalreise am günstigsten gebucht? Links nannte eine blasse Buchhalternase stolz einen Preis von 499 €, den er nach wochenlangen Recherchen im Internet (was hätte man in dieser Zeit alles machen können?) aufgespürt hatte. Von rechts kam der Konter eines cleveren Schwaben, der seinem als besonders sparsam geltenden Volksstamm (Badener sprechen hier von geizig) alle Ehre machen wollte: Dass sei doch gar nichts. Bei der Buchung bei einem Reiseanbieter am Flughafen in Stuttgart (auf schwäbisch: Stuegatt) habe man lediglich 449 € entrichten müssen.

S. zerrte das Ganze zunehmend an den Nerven, weil er mit seinen 549 € offensichtlich am meisten bezahlt hatte und sein Selbstbild vom intelligenten Shopping-Forscher Gefahr lief, irreparable Risse zu bekommen. Jetzt kam die Schattenseite seines Wesens zum Vorschein: Er gab vor, 399 € berappt zu haben, trank sein Bier leer und stand auf, ohne es zu versäumen, den anderen mit seinem schönsten Lächeln eine angenehme Nachtruhe und – falls man sich nicht mehr sähe – noch schöne Tage am Meer zu wünschen. Zurück blieb eine Runde von sprach- und ratlosen Urlaubern, die irgendwie das Gefühl hatten, sich nicht mehr richtig über ihren Urlaub freuen zu können.

Kam S. in den nächsten Tagen an die Bar oder in den Speisesaal, schlug ihm alles andere als die Sympathie seiner Mitreisenden entgegen. Und zu Hause beklagte seine Ehefrau, noch nie so wenige Bekanntschaften wie in diesem Urlaub geschlossen zu haben. Wenn sie diese Zeilen lesen wird, weiß sie endlich, warum.

Preisbündel – laden wir uns damit zu viel auf?

Im Falle der Preisbündelung werden verwandte Produkte zu Verkaufspaketen zusammengeschnürt. Ein solches Paket kann beispielsweise aus Zahnbürste, Zahnpasta und Zahnseide bestehen. Oder Drogerien bündeln auch gerne Deo und Shampoo zu einer Verkaufseinheit oder bieten uns zwei Duschgels in einem Pack an. Oft werden auch vorbereitete Geschenke-Sets aus mehreren Produkten zusammengestellt.

Wenn uns ein Anbieter mehrere Produkte in einem Bündel anbietet und das Ganze als »Vorteilspaket« anpreist, verlieren wir die Übersicht über die einzelnen Preise. Auch wenn der Paketpreis nicht wesentlich unter der Summe der Einzelpreise liegt, nehmen wir ein Paket als so vorteilhaft wahr, dass wir zugreifen. Wollten wir zunächst nur ein Produkt erwerben, animiert uns die Preisbündelung nunmehr zu Zusatzkäufen.

McDonald's bietet Preisbündel in Form sogenannter Sparmenüs an. Diese bestehen beispielsweise aus einem Big Mäc (Einzelpreis 2,85 €), einer mittleren Portion Pommes frites (Einzelpreis 1,25 €)

und einem mittleren Getränk (Einzelpreis 1,50 €). Ein solches Sparmenü wird zu einem Bündelpreis von 4,59 € angeboten, der ca. 18 % unter der Summe der Einzelpreise von 5,60 € liegt. Durch den günstigen Paketpreis erwerben nunmehr Kunden, die vorher nur einzelne Komponenten und damit weniger gekauft hätten, das ganze Paket.

Verstärkt wird dieser Effekt durch das flankierende Angebot sogenannter Maxi-Menüs, bei denen der Kunde für einen Aufpreis von 0,40 € statt einer mittleren eine große Portion Pommes frites (Einzelpreis 1,50 €) und statt einem mittleren ein großes Getränk (Einzelpreis 1,80 €) erhält. Ein solches Maxi-Menü wird zu einem Bündelpreis von 4,99 € angeboten, der ca. 19 % unter der Summe der Einzelpreise von 6,15 € liegt. Den Preisnachlass im Vergleich zum Bündelpreis des Sparmenüs könnte man – mit spitzem Bleistift gerechnet – als Mengenrabatt bezeichnen.

Fragen Sie sich bei Paketpreisen immer selbst, ob Sie jedes Element des Bündels auch wirklich benötigen bzw. haben wollen. Ist dies nicht der Fall, kommt es Sie im Regelfall billiger, nur die Einzelpreise für die auch tatsächlich benötigten Produkte zu bezahlen.

SMS – Schnell mal sparen

Beim Preissplitting beschreiten Anbieter den geradezu entgegengesetzten Weg. Hier wird der Preis verschleiert, in dem lediglich die Einzelpreise für die verschiedenen Teile angegeben werden. Diese Komponenten können dann in unterschiedlicher Ausstattung zu einem Gesamtprodukt kombiniert werden.

SMS – Schnell mal sparen. So nennt McDonald's sein vermeintliches Sparprogramm. Warum vermeintlich? Weil der Fast-Food-Gigant das Preissplitting clever einsetzt. Ob Hamburger, Cheeseburger, Veggieburger, Gartensalat, Pommes frites, Softdrink oder Eis, jedes Produkt kostet nur 1 €. Gelten bei McDonald's andere Rechenregeln, oder wie schaffen die es, bei so einem günstigen Angebot noch etwas zu verdienen? Ganz einfach. Durch Entbündelung des Preises sehen wir nur den Preis für das Einzelprodukt, der mit 1 € vergleichsweise günstig wirkt. Da wir aber im Regelfall mehrere Produkte (etwa Hamburger, Pommes frites, Getränk, Dessert) zu einer Mahlzeit kombinieren, fällt der Gesamtbetrag nicht unbedingt niedrig aus.

Im Falle entbündelter Preise sollten Sie immer im Blick behalten, was Sie das Gesamtpaket in Summe kostet.

Wie Rockefeller durch Geschenke reich wurde

John D. Rockefeller, der als der reichste Mann seiner Epoche galt, erwarb Ölraffinerien in den USA, verschiffte anschließend tonnenweise Öllampen nach China und brachte diese dort günstig – zahlreiche Biografen sagen sogar kostenlos – unter das Volk. Millionen von Chinesen waren nunmehr im Besitz einer Öllampe, benötigten aber Petroleum, um diese nutzen zu können. So entstand eine riesige Nachfrage nach Petroleum. Und da Rockefeller in China quasi ein Monopol besaß, war ein riesiger Absatzmarkt auf Jahre hinweg gesichert.

Im Marketing spricht man in diesem Zusammenhang von einem Lock-in-Effekt (von to lock in: einschließen, einsperren). Als Verbraucher werden wir durch finanzielle Investitionen in bestimmte Technologien (etwa Kaffeemaschinen, Rasierklingen, Drucker) an einen Anbieter gebunden. Denn der Wechsel zu einem anderen Unternehmen wäre unwirtschaftlich für uns, weil wir dann ja unser für die Anschaffung ausgegebenes Geld verlieren würden. Wir sind also unserer Entscheidungsfreiheit beraubt, wir sind eingesperrt.

Anbieter von Röstkaffeekapseln wie Tassimo von Kraft Foods, Cafissimo von Tchibo sowie Nespresso und Dolce Gusto von Nestlé nutzen systematisch Lock-in-Effekte aus. Im Gegensatz zu den Kaffee-Pads handelt es sich hierbei um geschlossene Systeme, die patentrechtlich geschützt sind. Demnach kann kein anderer Hersteller die erforderlichen Kapseln für ein System liefern, und deshalb können wir auch keine günstigen Kapseln beim Discounter kaufen. Tassimo-Automaten sind sogar in der Lage, über einen Strichcode auf den Kapseln zu erkennen, welches Getränk von Kraft Foods sie gerade zubereiten sollen.

Alle Anbieter setzen auf eine ähnliche Strategie: Spitzen-Kaffee-Qualität zu einem günstigen Einstiegspreis. Eine entsprechende Maschine kostet meist überraschend wenig. Erst die speziellen Kaffee-Kapseln kosten dann ordentlich Geld. Denn wer bereits ein Kapselgerät in den eigenen vier Wänden stehen hat, wird kaum ein zweites eines Wettbewerbers erwerben.

Das riesige Umsatz- und Gewinnpotenzial geschlossener Kapselsysteme ist angesichts der großen Zahl am Markt abgesetzter Maschinen bereits heute absehbar. Die Durchschnittspreise der Kapseln liegen um mehr als das Dreifache über Pads und nahezu siebenmal höher als bei Filterkaffee.

Als weiteres Beispiel für die Nutzung von Lock-in-Effekten kann Gillette gelten. Der erste große Erfolg nach diesem Modell war der Gillette-Rasierer von King C. Gillette. Statt der damals üblichen Rasiermesser, die nachgeschärft werden mussten, verkaufte Gillette einen patentierten Klingenhalter, zu dem wegwerfbare Sicherheitsklingen passten. Diese waren kostengünstig herzustellen und wurden mit hohem Gewinn immer wieder an die Besitzer der Klingenhalter verkauft. Die dahinterstehende Strategie: Teuer sind nicht die Klingenhalter selbst, sondern die Klingen, die wir immer wieder kaufen müssen. Und die Klingen anderer Hersteller passen natürlich nicht auf die Gillette-Klingenhalter! Da wir aber den Klingenhalter weiterhin nutzen wollen und keinen neuen eines anderen Anbieters kaufen wollen, bleiben wir dem Gillette-System treu. Was die Klingen kosten, blenden wir ganz nebenbei aus. Kein Wunder, dass die Hersteller ihre Rasierklingenhalter mit einer Probierklinge mittlerweile sogar bei Marathon-Veranstaltungen und Musik-Events verschenken.

Ähnlich gehen die Anbieter von Billigdruckern vor. Ein neuer Drucker kostet uns nur wenig mehr als eine neue Tonerkartusche. Bei solchen Druckern sind die Tonerkartuschen jedoch nur zur Hälfte gefüllt, damit bei uns möglichst schnell Ersatzbedarf entsteht. Wollen wir den Drucker nicht wegwerfen, müssen wir notgedrungen wieder die Kartusche kaufen, die in unser Gerät passt. Und das tun wir auch, obwohl die neue Kartusche nur etwas weniger kostet als ein ganz neuer Drucker.

Wie einst Rockefeller machen es auch die Mobilfunkanbieter: Das Handy bekommen wir für 1 € quasi geschenkt. Manche Anbieter versprechen beim Abschluss eines Vertrags sogar noch einen Motorroller oder einen Laptop als Zugabe obendrauf. Obwohl uns bei klarem Menschenverstand eigentlich einleuchten müsste, dass jeder Anbieter mittelfristig nichts zu verschenken hat, fallen immer wieder Verbraucher (und offenkundig nicht wenige!) auf solche vermeintlichen Schnäppchen herein. Und dann bezahlen sie bei den Gesprächs- und SMS-Gebühren mehr.

Das Prinzip ist immer das Gleiche: Das Produkt wird uns zunächst billig oder kostenlos angeboten. Erst die Folgekosten bzw. das Verbrauchsmaterial schlagen bei uns richtig zu Buche und bescheren den Anbietern Umsatz und Gewinn. Und da wir das Produkt nun einmal haben und auch weiterhin nutzen wollen, bleiben wir dem jeweiligen System treu. Egal, was es kostet.

Fokussieren Sie sich nicht nur auf den Anschaffungspreis eines Produkts. Beziehen Sie auch immer die Neben- und Folgekosten sowie gegebenenfalls die Wiederverkaufswerte eines Produkts in Ihre Entscheidungsfindung ein.

Manchmal kann es mittel- bis langfristig günstiger sein, sich von einem Produkt zu trennen, da die Unterhalts- und Folgekosten zu hoch (geworden) sind.

Wie unser Preisschmerz gelindert wird

Bei bestimmten Produkten haben sich in unseren Köpfen vergleichsweise feste Preisvorstellungen verankert. Werden diese Ankerpreise überschritten, werden emotionale Preisbarrieren eingerissen und es sind kurzfristig deutliche Absatzrückgänge zu verzeichnen. Unsere Kaufzurückhaltung hält jedoch nur für eine kurze Zeit an. Bleibt der Preis über längere Zeit über dem vormaligen Ankerpreis, bildet sich bei uns eine neue Preisbarriere heraus und die Verkaufszahlen nehmen wieder Fahrt auf.

Hohe Preise tun uns weh

Obwohl wir uns an Preissteigerungen nach kurzer Zeit gewöhnen, tun uns hohe Preise zunächst einmal weh. Forscher vom Massachusetts Institute of Technology haben in Zusammenarbeit mit der Stanford University entdeckt, dass der Anblick von Preisen das Schmerzareal in unserem Gehirn aktiviert. Also genau jenen Bereich im Hirnstübchen, der stark durchblutet wird, wenn wir uns den Fuß anstoßen. Und je höher der Preis, desto mehr tut es uns weh. Der Schmerz lässt sich auf ganz banale, aber langfristig umso gefährlichere Weise verringern. Zahlen wir mit Kredit- oder EC-Karte, wirkt dies wie ein Schmerzpflaster und uns tut das Geldausgeben weniger weh. Lesen wir dann aber zu einem späteren Zeitpunkt unsere Kontoauszüge, wird uns das Schmerzpflaster mit einem Ruck heruntergerissen.

Der Marketing-Professor Christian Homburg und seine Kollegin Nicole Koschate konnten in diesem Zusammenhang herausfinden, dass die Bereitschaft, Geld auszugeben, viel größer ist, wenn der Kunde mit Karte bezahlt, statt Bargeld aus seinem Portemonnaie auszugeben.

Der Trick mit dem Kleingeld

Kennen Sie den Kleingeldeffekt? Sie kennen ihn vielleicht nicht und unterliegen ihm doch mit großer Wahrscheinlichkeit. Die Verhaltenspsychologie charakterisiert damit das Phänomen, dass wir bereit sind, einen Betrag in Münzen zu entrichten, den wir mit einem Schein nicht bezahlt hätten.

Amerikanische Fast-Food-Unternehmen machen sich diesen Effekt zunutze: Wenn Sie dort einen Burger für 4,39 $ kaufen, bietet ihnen der Kassierer sofort ein Getränk oder eine Portion Pommes für 0,61 $ an. Knapp ein Drittel der Kunden sagt Ja, weil es doch »nur« um das Wechselgeld geht, das hier ausgegeben wird. Und das Restaurant freut sich über den lohnenden Zusatzverkauf, auch wenn das Getränk oder die Pommes einzeln 0,69 $ gekostet hätte.

Hoher Preis = hohe Qualität?

Um die vielen Informationen schnell und einfach verarbeiten zu können, brauchen wir Vereinfachungsregeln. Eine, an die viele Kunden glauben, ist: Großer Preis = große Qualität. Schon Wilhelm Busch hat diese Einschätzung eher belächelt: »Und bei genauerer Betrachtung steigt mit dem Preise auch die Achtung.« Von einem hohen Preis auf eine hohe Qualität zu schließen, spart Zeit und Nerven, ist aber in vielen Fällen auch falsch.

Ein berühmt gewordenes Experiment hat schon 1968 gezeigt, wie sehr wir uns durch diese Vereinfachungsregel täuschen lassen. Der amerikanische Marketingforscher Connell hatte Kunden drei unterschiedlich teure Biermarken über mehrere Wochen zum Testen angeboten. Was die Kunden nicht wussten: Das Bier war immer das gleiche. Ahnen Sie, welches Bier als bestes und welches am schlechtesten bewertet wurde? Das teuerste Bier wurde von 93 %

der Kunden als qualitativ gut eingeschätzt, beim billigsten Bier war es nur gut die Hälfte der Kunden. Forscher am California Institute of Technology konnten in einem weiteren Experiment bestätigen, dass die Preiskenntnis die Wirkung und Wahrnehmung der Qualität eines Produkts beeinflusst. Probanden sollten in einem Versuch Rätsel lösen. Zur Stärkung bekamen sie einmal einen vermeintlich teuren und einmal einen vermeintlichen billigen, in Wirklichkeit aber identischen Energie-drink. Nach dem Genuss des vermeintlich teuren Fitmachers lösten die Versuchsteilnehmer die Rätsel besser. Die Kenntnis über den hohen Preis erhöhte die Leistungskapazität im Sinne eines Placebo-Effektes, d. h. die Versuchsteilnehmer schlossen vom Preis auf die Qualität der Energiedrinks.

Die größte Untersuchung der letzten Jahre hat die Universität Göttingen durchgeführt. Sie hat aus den Jahren 1994 bis 2006 alle Tests der Stiftung Warentest analysiert, in denen Lebensmittel auf ihre Qualität überprüft worden waren. Insgesamt wurden 1175 Produkte in die Untersuchung einbezogen. Das Ergebnis: Obwohl die Handelsmarken von ALDI & Co. deutlich preisgünstiger sind, konnte in den Tests keine schlechtere Qualität festgestellt werden. Im Durchschnitt aller getesteten Produkte kam sogar heraus, dass die günstigeren Produkte leicht besser waren.[28]

Die Vereinfachungsregel »Hoher Preis = hohe Qualität« greift dann, wenn wir nur ganz wenige Informationen über das Produkt sowie seine Qualität haben und diese auch nicht beschaffen können.

Preiserhöhung als Chance

Preiserhöhungen müssen übrigens nicht immer schlecht für das Handelsunternehmen sein. Wenn wir Kunden das Gefühl haben, dass uns ein Händler einen fairen Preis bietet und er nun den Preis erhöhen muss, weil es nicht anders geht (etwa aufgrund höherer Rohstoffpreise, gestiegener Lohn- oder Energiekosten, angehobener Steuern), dann akzeptieren wir das auch.

So haben viele Kunden dem deutschen Discountprimus die angekündigten Preiserhöhungen nicht übel genommen, weil sie offen kommuniziert wurden.

Bei Rabatten verlieren wir den Verstand!

Auf dem Weg durch den Einkaufsdschungel begegnen sie uns überall: Große und kleine bunte Schilder, die uns einen Rabatt versprechen: »Jetzt 10 %«, »3 für 2«, »Vorteilspackung«, »Jetzt 1 Stück gratis«, »Prozente, Prozente«, »Kostenlos 50 ml mehr«.

Insbesondere bei Produkten, die regelmäßig und in kurzen Abständen erworben werden, haben wir im Vergleich zu anderen Produkten eine präzise Preisvorstellung. Da wir uns bei derartigen Produkten recht genau an die zuletzt gezahlten Preise erinnern können, bewirkt eine Preissenkung, dass wir das Produkt jetzt umso stärker nachfragen. Und für den Supermarktbetreiber bedeutet das einen starken Anstieg des Absatzes und damit letztlich auch des Umsatzes.

Rabatte gehören zu den einfachsten Tricks, von denen wir uns verführen lassen. Preisnachlässe üben eine nahezu magische Wirkung auf uns aus. Das Gefühl, etwas besonders günstig mit Rabatt kaufen zu können, schaltet in vielen Kaufsituationen sogar unseren ansonsten nüchternen Verstand aus.

Bei Rabatten immer nachrechnen!

Wie wirksam Rabatte sind, zeigt ein Experiment von Quarks & Co, dem Wissenschaftsmagazin des Westdeutschen Rundfunks. In ei-

nem Einkaufszentrum wurden an einem Stand Putzutensilien angeboten: 1 Stück für 0,59 € und – als Sonderangebot und auf einem großen Rabattschild angepriesen – 3 Stück für 1,99 €.[29] Dass das vermeintliche Sonderangebot keines war, merkte kaum jemand. Addiert man nämlich die Preise der Einzelstücke von 0,59 € zusammen, kommt man bei drei Stück auf eine Summe von 1,77 €. Das Gefühl, ein Schnäppchen zu machen, verleitete die meisten Kunden offenkundig dazu, im Vergleich zu den Einzelpreisen 0,22 € mehr zu bezahlen. Kaum ein Kunde hat den vermeintlichen Mengenrabatt nachgerechnet. So manches Sixpack wird teurer verkauft als sechs einzelne Flaschen. Doch woran liegt es, dass wir uns bei Rabattsymbolen so aufs Glatteis führen lassen?

Was Rabatte in unserem Gehirn auslösen

Obwohl die Mehrheit von uns glaubt, beim Einkauf nicht so leicht beeinflussbar zu sein, bringt der Blick in unser Gehirn genau das

Gegenteil ans Licht: Bei Preisnachlässen wollen wir das Produkt unbedingt haben und greifen unkontrolliert zu.

Mithilfe des Kernspintomografen lässt sich erforschen, was im Gehirn von Konsumenten passiert, wenn sie ein Rabattsymbol sehen. In einer Brille sieht der Konsument verschiedene Produkte, deren Attraktivität er bestimmen soll. Gleichzeitig macht der Kernspintomograf die Durchblutung verschiedener Gehirnregionen sichtbar. Eine Forschergruppe um die Bonner Neuroökonomiespezialisten Christian Elger und Bernd Weber zeigte Versuchspersonen verschiedene Produkte, die von Computern und Autos über Äpfel und Tomaten bis hin zu Schokolade reichten. Neben den Produkten wurden Preise eingeblendet, einmal günstig, ein anderes Mal überhöht. In einigen Fällen blendeten die Forscher ein gelb-rotes Rabattschild ein, wobei die Preise und Produkte immer wieder vermischt wurden. Jetzt sollten die Versuchsteilnehmer angeben, ob sie das zuvor gezeigte Produkt kaufen würden oder nicht.

Die Ergebnisse waren beeindruckend. Das Einblenden der Rabattsymbole führte dazu, die Versuchspersonen zum Kauf des überteuerten Produkts zu veranlassen. Im Gegensatz zu einfachen Preisangaben führten die zusätzlich präsentierten Rabattsymbole zu einer intensiveren Durchblutung der Belohnungsregionen im Gehirn. Offensichtlich haben sich Rabattsymbole so tief in unseren Gehirnen eingebrannt, dass wir damit Gefühle wie »hier kann ich ein Schnäppchen machen« verbinden. Sehen wir also Rabattzeichen, dann ruft dies bei uns die Erwartung hervor, belohnt zu werden.

Weiterhin konnte bei einem Teil der Versuchsteilnehmer ein Abschalten des Kontrollsystems festgestellt werden. Die Gehirnregion mit dem komplizierten Namen Anteriores Cingulum sorgt dafür, dass wir auf den Kauf des neuen Flachbildschirms verzichten, wenn sich unser Konto im tiefroten Bereich befindet. Wurden nun Rabattsymbole eingeblendet, nahm die Durchblutung dieser Gehirnregion ab. Diese »kortikale Entlastung« bedeutet nichts anderes, als dass bei Rabattsymbolen der Verstand aussetzt. Offensichtlich ist man bei vermeintlichen Preisnachlässen eher bereit, eine Kaufentscheidung zu treffen, auf die man sonst verzichten würde. Also: Wenn wir Produkte mit Rabatt sehen, ist das Belohnungszentrum, das die Kaufhandlung auslöst, aktiver als bei Produkten ohne Rabatt. Gleichzeitig zeigt ein Teil des Kontroll- oder Verstandeszentrums bei Rabatten eine geringere Aktivität. Unser Verstand ist also tatsächlich durch Rabattschilder lahmgelegt.

Bei den Rabatten kommt noch ein weiterer psychologischer Effekt hinzu: Der hohe Ausgangspreis führt dazu, dass wir erstens die Ware als wertvoll und zweitens den Rabattpreis als günstig empfinden. So glauben wir, mit dem Rabatt gleich doppeltes Glück zu haben. Diese Erkenntnisse der Hirnforschung gehören schon lange zum Erfahrungsschatz erfahrener Kaufleute. »Erhöhe die Preise vorher um 20 %, räume dann einen Rabatt von 10 % ein und du wirst sehen: Der Kunde freut sich und greift zu.« Kaufleute berichten davon, dass sie die Preise um 10 % erhöht haben, die Preisangabe aber auf einem roten Schild, das sonst nur bei Sonderangeboten verwendet wurde, präsentierten. Der Absatz der Ware nahm trotz des höheren Preises deutlich zu.

Seien Sie auf der Hut, wenn Sie das Wort »Rabatt« lesen. Niemand hat auf Dauer etwas zu verschenken. Rechnen Sie Rabatte nach und vergleichen Sie die mengenunabhängigen Grundpreise, die auf dem Preisschild angegeben sein müssen.

Begrenzung als Rabatturbo

Viele Handelsunternehmen sprechen unsere uralten Jagdinstinkte aus der Steinzeit an, indem sie die Ware knapp machen. Das wusste schon Mark Twain: »Um einem Mitmenschen eine Sache begehrenswert erscheinen zu lassen, muss man diese nur schwer erreichbar machen.« Deshalb befristen viele Handelsunternehmen ihre Sonderangebote oder sorgen dafür, dass die Ware knapp ist. Da wollen wir schnell zugreifen, bevor sie weg ist. Schilder wie »Nur noch heute«, »Jetzt schnell zugreifen«, »Nur diese Woche«, »Jetzt für kurze Zeit« sorgen dafür, dass wir nicht mehr so genau auf den Preis schauen. Auch die Discounter mit ihren knapp eingekauften Aktionsartikeln lassen uns den Preis vergessen – lieber heute mitnehmen als morgen nichts mehr bekommen. Und die TV-Shopping-Sender zählen nicht umsonst häufig die Zahl der Artikel herunter, die noch erhältlich sind.

Die Kölner Marketing-Professorin Karen Gedenk berichtet von einer Studie, die in Amerika durchgeführt wurde. In drei Supermärkten wurde der Preis von Campbell's Soup (Sie wissen schon: die, welche Andy Warhol in seiner berühmten Grafik abgelichtet hat) deutlich herabgesetzt. Die größte Absatzsteigerung gab es in dem Markt, in dem man zusätzlich eine Mengenbegrenzung (»Maximal 12 Dosen pro Person«) eingeführt hatte.

Lassen Sie sich nicht unter Druck setzen. Denn die meisten Sonderangebote kehren nach kurzer Zeit wieder.

Mondpreise: zwei Stufen hoch, eine zurück

Wer kennt ihn nicht, den zum Kult gewordenen Slogan des Baumarktbetreibers Praktiker: »20 % auf alles – ausgenommen Tiernahrung!« Die Wettbewerbszentrale warf Praktiker irreführende Werbung mit Mondpreisen vor. Juristen sprechen von Mondpreisen, wenn mit Nachlässen auf einen ursprünglichen Preis geworben wird, der nur kurzzeitig gefordert wurde und häufig unrealistisch hoch angesetzt ist. Das Motto lautet hier: Den Preis um zwei Stufen erhöhen, und dann einen Preisnachlass von einer Stufe gewähren. So glaubt der Kunde, trotz des hohen Preises ein Schnäppchen gemacht zu haben.

Die Wettbewerbszentrale hatte bei Testkäufen festgestellt, dass bei Praktiker unmittelbar vor Beginn der 20 %-Aktion für vier Artikel ein niedriger Preis gegolten hatte, der zum Aktionsbeginn erhöht wurde. Folglich ergab sich nach Abzug des Rabattes auf den Aktionspreis für den Verbraucher keine oder lediglich eine sehr geringe Ersparnis im Vergleich zu dem noch in der Vorwoche geltenden Preis.

Doch obwohl Mondpreise nach dem Gesetz gegen unlauteren Wettbewerb (UWG) als irreführend eingestuft werden und damit verboten sind, gibt es immer wieder schwarze Schafe, die den Preis anheben und dann einen Preisnachlass von gewähren. Solchen Mondpreisen begegnen wir besonders häufig im Orientteppichhandel sowie in der Möbelbranche. Hier ist also besondere Vorsicht geboten.

Achten Sie darauf, ob der Preis vielleicht vorher stärker erhöht als er nun durch den Rabatt reduziert wurde. Denn in solchen Fällen freuen Sie sich, einen Schritt vorwärts zu kommen, und gehen in Wahrheit gleichzeitig zwei zurück!

Vorsicht bei Neu-gegen-Alt-Angeboten

Im Jahr 2009 stellte der Staat 5 Mrd. € als Abwrackprämie bereit. Beim Erwerb eines Neu- bzw. Jahreswagens und gleichzeitiger Verschrottung eines mindestens neun Jahre alten Autos erhielt jeder Käufer 2.500 €. Die zur Verfügung gestellten 5 Mrd. reichten rechnerisch für etwa 2 Mio. Prämien.

Auch der Einzelhandel bedient sich zunehmend dieser Form des Preisnachlasses. So rief Media-Markt im Februar 2009 für eine Woche zur »Sofort-Maßnahme für Deutschland« auf: Beim Kauf eines Gerätes ab 500 € erhielt jeder Kunde einen 100-€-Gutschein. Beim Erwerb neuer Schuhe gewährt die Schuhkette Salamander für alte Schuhe 10 €. Das Münchner Sporthaus Schuster rechnet für alte Skischuhe 20 € an, der Haushaltswaren-Hersteller WMF gibt 10 € Preisnachlass auf Neuware bei der Abgabe von alten Pfannen und Töpfen, und Minolta gewährt bis zu 250 € für gebrauchte Drucker. Der österreichische Erotik-Versand Lustundliebe.de nimmt für 40 € alte Vibratoren in Zahlung, und der Unterhaltungselektronik-Anbieter Bose entschädigt Kunden beim Kauf eines neuen Home-Entertainment-Systems (Preis ab 1.450 €) mit 100 € für die alte Stereoanlage.

Die meisten Verbraucher achten bei solchen Neu-gegen-Alt-Angeboten überhaupt nicht darauf, ob die Neuware überhaupt günstig ist. Denn die Prämie ist genau genommen nichts anderes als ein gewöhnlicher Rabatt. Und hinter vorgehaltener Hand geben die Mitarbeiter zu, dass der Kunde auch dann den Preisnachlass bekommt, wenn er gar kein Alt-Produkt abgibt.[30]

Achten Sie bei Neu-gegen-Alt-Angeboten immer darauf, dass der Preis für die Neuware durch die Prämie auch tatsächlich günstig wird.

Die Kehrseite der Rabatt-Medaille

Dass Sonderangebote uns Kunden oft Spaß machen, liegt nicht nur daran, dass wir Geld sparen. Sondern auch an dem Erfolgserlebnis, dass wir ein Schnäppchen gemacht haben. Viele Untersuchungen belegen aber auch, dass immer mehr Kunden von der zunehmenden Flut von Rabatten und Sonderangeboten genervt sind. Manche Kunden lassen sich mit befristeten Preisermäßigungen locken. Andere aber gewinnen den Eindruck, dass bei vielen Sonderangeboten der Rest des Sortiments eigentlich zu teuer ist. Außerdem ärgern sich viele Kunden darüber, dass sie beim letzten Mal noch einen höheren (Nicht-Sonderangebots)-Preis bezahlt haben.

Eine Umfrage des renommierten Instituts für Handelsforschung in Köln belegt, dass rund die Hälfte der Kunden ein Geschäft, das oft mit Sonderangeboten wirbt, nicht als günstig einstuft. Ebenfalls die Hälfte der Kunden möchte auf ständige Preisvergleiche verzichten und kauft deshalb bei Unternehmen, die nicht permanent Preise verändern. Deshalb gibt es auch Handelsunternehmen (wie zum Beispiel ALDI), die lieber mit dauerhaft niedrigen Preisen werben, als den Kunden mit Sonderangeboten zu verärgern.

Häufig sind Unternehmen, die eine Dauerniedrigpreispolitik verfolgen, glaubwürdiger als Anbieter, die durch zeitlich begrenzte Sonderangebote Preisgünstigkeit demonstrieren wollen.

Mehr Schein als Sein

Die Frühstückskonfitüre ist schon wieder leer, die Cornflakes-Packung geht früher zur Neige als üblich und nach dem Verzehr des Schoko-riegels hat man immer noch Lust auf etwas Süßes. Keine Angst! Vermutlich sind Sie einem einfachen Trick der Anbieter auf den Leim gegangen: Gleicher Preis, weniger Inhalt. Das ist nur ein Beispiel dafür, dass viele Produkte im Supermarkt sich durch den schlichten Satz charakterisieren lassen: Mehr Schein als Sein …

Gleicher Preis, weniger Inhalt

Als Kunde reagieren wir auf Preissteigerungen normalerweise verstimmt. Wir kaufen das Produkt weniger oder gar nicht mehr ein. Deshalb versuchen Unternehmen, die Teuerungen zu verschleiern, in dem sie die angebotene Menge verringern und weiterhin den gleichen Preis verlangen. Und so verwundert es nicht, dass zahlreiche Markenartikel seit Jahren zum gleichen Preis verkauft werden.[31]

Besonders häufig beobachten wir versteckte Preiserhöhungen an sogenannten Preisschwellen. Das Ganze läuft nach folgendem Schema ab: Wir haben uns über Jahre hinweg an den Preis eines Produktes von beispielsweise 1,99 € gewöhnt. Eine Erhöhung der Rohstoffpreise oder der Wunsch, mehr Gewinn zu erzielen, veranlassen den Hersteller, den Preis anzuheben. Statt Gefahr zu laufen, uns Kunden durch eine nominale Preiserhöhung auf beispielsweise 2,29 € abzuschrecken, wird der Preis verdeckt erhöht: Bei gleichem Preis wird weniger Inhalt in die Packung gefüllt.

Fertigpackungsverordnung ade, Lizenz zum Mogeln olé!

Die Fertigpackungsverordnung (abgekürzt FertigPackV) regelt in Deutschland alles, was Hersteller bei der Abfüllung von Produkten in Fertigpackungen bis 10 kg Füllgewicht zu berücksichtigen haben. Sie trat 1981 in Kraft und wurde seither mehrfach geändert. Eine Packung Butter sind 250 g, eine Tafel Schokolade 100 g und eine Milchpackung ist 1 l: So war es früher. Seit 2000 sind die gesetzlichen Vorschriften für feste Verpackungsgrößen bei Nahrungsmitteln aber schrittweise abgebaut worden. Während die Größen von Milchtüten, Schokoladentafeln und Zucker noch bis vor Kurzem gesetzlich fixiert waren, fiel die Normgröße für Butter bereits vor rund zehn Jahren.

Im April 2009 wurde dann eine Regelung wirksam, die durch eine EU-Richtlinie notwendig geworden war. Die bislang vorgeschriebenen Millimeter- oder Grammzahlen für viele Produkte wie zum Beispiel Zucker, Kakao, Schokolade, Bier und Milch fielen weg. Seither können die Hersteller den Verpackungsinhalt ihrer Produkte nach eigenem Ermessen festlegen. Dies ermöglicht es beispielsweise einem Schokoladenhersteller, von der bislang gesetzlich festgeschriebenen 100-g-Tafel auf eine 95-g-Packung umzusteigen und damit indirekt die Preise zu erhöhen. Für Schokoriegel galten nach der alten Gesetzeslage Mengenvorgaben erst ab einem – für diese Süßwarenart untypischen – Gewicht von 85 g.

Für Pralinen, Schokoriegel und Fruchtgummi waren bereits vor der Änderung der Fertigpackungsverordnung keine festen Füllmengen vorgeschrieben, sodass die Industrie bei diesen Produktgruppen bereits in der Vergangenheit wesentlich leichter die Füllmengen verändern konnte als bei Tafelschokolade. Ein typisches Beispiel: Während die 300-g-Packung Marken-Gummibärchen bei einem Discounter 0,89 € kosten, gibt es im Verbrauchermarkt nebenan gerade einmal 250 g des identischen Produkts für den gleichen Preis.

Abgesehen von versteckten Preiserhöhungen versetzt die neue Gesetzeslage betroffene Produzenten im Falle von Kostensteigerungen in die Lage, die vom Handel in einigen Warengruppen geforderten Schwellenpreise einzuhalten. Bei Fruchtgummi beispielsweise erhöht der Austausch künstlicher gegen natürliche Farb- und Aromastoffe die Kosten pro Kilogramm um 0,10 bis 0,20 €. Entweder erhöht man infolge den Preis und überschreitet die Preisschwelle mit möglicherweise negativen Konsequenzen auf den Abverkauf, oder man gleicht die Mehrkosten durch die Verkleinerung der Verpackung aus.

Industrie und Handel feiern die schrittweise gewonnene Flexibilität. Sie argumentieren, nunmehr könne man ganz im Sinne des Verbrauchers mit maßgeschneiderten Verpackungen auf sich verändernde Gesellschaftsstrukturen reagieren. So benötige die zunehmende Zahl an Single-Haushalten andere Produktgrößen als eine fünfköpfige Familie. Verbraucherschützer warnen jedoch davor, dass Hersteller und Handel den Verpackungswirrwarr dazu nutzen werden, Preiserhöhungen geschickt zu verschleiern. In Anlehnung an James Bonds »Lizenz zum Töten« sprechen Kritiker der EU-Liberalisierung bereits von einer »Lizenz zum Mogeln«.[32]

Wenn es sich um gängige Markenartikel handelt, sind die Hersteller zwar verpflichtet, über die »versteckte« Preissteigerung zu informieren. Allerdings sind die Hinweise häufig so versteckt und klein auf den Verpackungen aufgedruckt, dass wir diese beim Einkauf häufig übersehen. Und nicht selten findet sich lediglich der Aufdruck »Neu« auf den Verpackungen.

Der Packungspreis ist für Preisvergleiche uninteressant. Denn Anbieter führen verdeckte Preiserhöhungen durch, indem sie bei konstantem Preis den Packungsinhalt verringern.

Seien Sie aufmerksam, wenn sich die Verpackung eines Produktes verändert. Schauen Sie auf die Inhaltsangabe, um zu erkennen, ob sich neben dem Design auch der Inhalt geändert hat, also eventuell weniger geworden ist.

Schwarzbuch »Verdeckte Preiserhöhung«

Die Hamburger Verbraucherzentrale hat im Internet eine Liste von 60 Produkten veröffentlicht, die seit der Gesetzesänderung zwar kleiner, aber nicht billiger geworden sind. Und täglich melden Verbraucher neue Fälle versteckter Preiserhöhungen. Wie teuer dem Verbraucher die Schrumpfkuren in Form kleiner Mengen zum unveränderten Preis kommen können, zeigen die folgenden Beispiele.

Beispiel Nr. 1: Buttermilch
Eine in der Fernsehwerbung täglich präsente bayerische Molkerei mit einem typisch deutschen Namen (nicht Meier oder Schulze) hat den Preis für ihre Buttermilch von 0,89 auf 0,85 € reduziert. Bei genauerem Hinsehen zeigt sich jedoch, dass der Becher statt wie bisher 500 jetzt nur noch 400 ml enthält.

So, lieber Leser, jetzt wird es ernst für Sie. Denn jetzt müssen Sie beweisen, dass Sie den von Generationen von Schülern als unnütz abgewerteten Dreisatz auf eine Fragestellung des täglichen Lebens anwenden können. Bezogen auf 100 ml, um wie viel Prozent wurde die Buttermilch teurer? Um 9 %, um 14 % oder um 19 %? Die Auflösung finden Sie am Ende des Kapitels.

Auf den Vorwurf einer kaschierten Preiserhöhung angesprochen, konterte die Sprecherin des Unternehmens mit dem Argument, Marktforschungsstudien hätten ergeben, dass der Verbraucher eine praktischere Verpackung wünsche. Der neue Tetra-Pak-Becher sei zudem wiederverschließbar, und das sei eben mit Mehrkosten verbunden.

Beispiel Nr. 2: Anti-Pickel-Creme
Der Hersteller einer Anti-Pickel-Creme, die Generationen von aknegeplagten Jugendlichen trotz schwerster Verwüstungen im Gesicht binnen Stundenfrist doch noch ein Rendezvous mit dem anderen Geschlecht ermöglichte, halbierte den Tubeninhalt von 30 auf 15 ml. Der Preis blieb derselbe. Die Preiserhöhung von 100 % rechtfertigte das Unternehmen mit einer verbesserten Produktleistung. Die Antwort auf die Frage, worin diese Produktverbesserung bestehe, blieb das Pharmaunternehmen bis heute schuldig.

Beispiel Nr. 3: Schokolade
Ein Süßwaren-Konzern reduzierte das Gewicht seiner Schokoriegel um einige Gramm, und das bei konstantem Preis. Als Argument mussten gestiegene Rohstoff- und Energiekosten herhalten. Peinlich war nur, dass diese im Vergleich zum Vorjahr gesunken waren.

Beispiel Nr. 4: Babywindeln
Der Marktführer bei Babywindeln reduzierte den Packungsinhalt von ehemals 44 auf nunmehr 40 Stück. Da der Preis konstant gehalten wurde, entspricht dies einer Preissteigerung von 10 %. Darauf von der Verbraucherzentrale Hamburg angesprochen, wurden gestiegene Rohstoffpreise ins Feld geführt. Mit dem Vorwurf konfrontiert, die Preise für Zellstoff seien doch gefallen, musste nunmehr eine verbesserte Produktqualität in Form einer zusätzlichen Trockenheitslage herhalten. Peinlich war dabei nur, dass bereits das Vorgängerprodukt über diese zusätzliche Schicht verfügt hatte.

Beispiel Nr. 5: Hundefutter
Das Hundefutterprodukt, das des Menschen treusten Freund so frohlocken lässt, dass er sich vor Freude wie ein Wildpferd beim

Rodeo gebärdet, enthielt statt vorher sechs jetzt nur noch vier Snack-Stangen. Bei gleichbleibendem Preis entspricht dies einer Preiserhöhung von satten 50 %. Und wieder musste die Orientierung an den Wünschen und Bedürfnissen der Kunden herhalten. Denn diese würden eine Mengenreduzierung einer Preiserhöhung vorziehen, so der Hersteller. Das ist eine sehr kreative Umschreibung der Preiserhöhung.

Noch weitere Negativbeispiele gefällig? Bei einem Testeinkauf in einem Supermarkt stieß der Norddeutsche Rundfunk auf Toilettenpapierrollen mit nur noch 150 statt ursprünglich 200 Blatt, Vanillezucker-Packungen mit drei statt vier Päckchen und Müslipackungen mit 150 g weniger Inhalt als bisher. Allen Produkten war eines gemeinsam: Die Menge hatte sich verringert, der Preis aber war derselbe geblieben. So lassen sich Preiserhöhungen um bis zu 100 % durchsetzen, wie die Beispiele in folgender Tabelle belegen.

	Alte Packungs-größe	Neue Packungs-größe	Alter Preis	Neuer Preis	Preis-erhöhung
Druckerpatronen	20	10	5,99 €	5,99 €	+ 100 %
Brot	275 g	205 g	0,89 €	0,89 €	+ 34,1 %
TK-Fischprodukt	52 % Fisch	70 % Fisch	2,59 €	2,59 €	+ 34,6 %

Noch dreister agieren Anbieter, wenn sie gleichzeitig Preise und Packungsinhalt reduzieren. Hierzu das Beispiel eines Müsliriegel-Produzenten: Hinter der Senkung des Preises von 2,25 € für (10 x 25 g =) 250 g auf 1,45 € für (6 x 20 g =) 120 g verbirgt sich eine tatsächliche Preiserhöhung von 34,3 %.

Schauen Sie sich im Internet um und werden Sie sensibel

für das Thema Verdeckte Preiserhöhungen. Die Hamburger Verbraucherzentrale bietet im Internet eine Liste jener Produkte, die durch Verpackungsänderungen verteuert wurden. Unter www.vzhh.de findet sich die sogenannte Mogelpackungsliste, die immer wieder neue Fälle von versteckter Preiserhöhung aufzeigt. Auf dem Portal verdecktepreiserhoehungen.de stellen Verbraucher die von ihnen entdeckten Mogelpackungen ein.

Jetzt folgt die versprochene Auflösung zur Buttermilch: Beim Becher von 500 ml zum Preis von 89 Cent kosten 100 ml 17,8 Cent. Beim Becher von 400 ml zum Preis von 0,85 € kosten 100 ml 0,21 €. Dies entspricht einer Preissteigerung von rund 19 %.

Die 99-Kilokalorien-Masche

Geschickt hat ein Süßwarenhersteller die Möglichkeit, durch Verpackungsverkleinerungen indirekt an der Preisschraube zu drehen, in eine Marketingstrategie umgemünzt. Das Unternehmen führte für seine Schokoriegel eine Obergrenze von 99 kcal ein, »um den Verbraucher beim maßvollen Naschen zu unterstützen«. Was vom Unternehmen als »Ansatz für verantwortungsvollen Genuss« proklamiert wird, bedeutet in Wirklichkeit nichts anderes, als dass der Schokoriegel bei gleichem Preis um einige Gramm an Gewicht verloren hat. Entwarnung gibt es nur bei Mehrwegflaschen: Hier müssen wir infolge der Liberalisierung der Fertigpackungsverordnung kaum mit gravierenden Packungsänderungen und damit verdeckten Preiserhöhungen rechnen. Die Umstellung von Flaschen, Kästen und Abfüllanlagen dürfte sich zu aufwendig gestalten. Anders sieht es bei Einwegflaschen aus. Um die Schwellenpreise von aktuell 0,19 € für 1,5 l Mineralwasser auf Dauer halten zu können, werden Discounter mit großer Wahrscheinlichkeit über eine Verringerung der Menge nachdenken.

Allheilmittel Grundpreis?

Die Kritik der Verbraucherschützer, Hersteller und Handel würden das vom Gesetzgeber erlaubte Verpackungsgrößenwirrwarr dazu nutzen, den Kunden hinters Licht zu führen, kontern diese mit dem Hinweis auf die weiterhin geltende Grundpreisverordnung. Die Preisangabenverordnung (PAngV) verlangt von Handelsunternehmen, dass sie zusätzlich zum Preis einer Ware auf dem Preisschild auch den sogenannten Grundpreis angeben. Mit dem Grundpreis wird unabhängig von der tatsächlichen Verpackungsgröße gesagt, wie viel 1 kg, 1 l, 1 m oder 1 m² kostet. Ausnahmsweise kann der Grundpreis auch auf 100 ml oder 100 mg bezogen sein.

Bei Wasch- und Reinigungsmitteln darf der Grundpreis auch für eine übliche Anwendung ausgerechnet werden, sodass hier zum Beispiel angeben werden kann, wie viel Geld ein Waschgang kostet. Der Grundpreis rechnet also alle verschiedenen Produkte auf eine Bezugsgröße, damit wir die Preise verschiedener Produkte auch tatsächlich vergleichen können.

Wenn zum Beispiel ein Erfrischungsgetränk in der 250-ml-Flasche 0,99 € kostet, muss auf dem Preisschild die Information zu finden sein, dass der Grundpreis für einen Liter des Erfrischungsgetränks 3,96 € beträgt. Da sich auf anderen Erfrischungsgetränken ebenfalls der Grundpreis für einen Liter findet, kann der Verbraucher auch bei unterschiedlichen Verpackungsgrößen schnell und einfach einen Preisvergleich zwischen den Getränken anstellen, ohne einen Taschenrechner zu benötigen. So lassen sich die 250-ml-Flasche, die 0,5-l-Flasche und die 1-l-Flasche desselben Erfrischungsgetränks leicht im Preis miteinander vergleichen.

Aber aufgepasst: Bei manchen Produkten kann einem auch der Grundpreis nicht weiterhelfen. Die Verordnung sieht den Grundpreis nur für Produkte vor, die nach Gewichts- oder Volumenangaben verkauft werden. Bei Artikeln, die mit Stück verkauft werden, z. B. bei Toilettenpapier, Windeln oder Taschentüchern, ist der Grundpreis nicht vorgeschrieben.

Der Grundpreis muss außerdem nicht angegeben werden, wenn Grund- und Endpreis identisch sind, wenn zum Beispiel Milch in einer 1-l-Flasche verkauft wird. Auch bei Kleinstverpackungen unter 10 g oder 10 ml, bei dekorativer Kosmetik wie Lippenstifte oder Wimperntusche und bei Parfums kann der Händler auf den Grundpreis verzichten. Und Direktvermarkter wie Bauernhöfe oder kleine Einzelhandelsgeschäfte wie Tante-Emma-Läden, Bäckereien und Kioske müssen keinen Grundpreis angeben. Bei Automaten entfällt die Pflicht der Grundpreisangabe ebenfalls.

Achten Sie immer auf die Grundpreise auf den Verpackungen und Regalen. Versuchen Sie sich zu merken, was welches Produkt normalerweise kostet und wie groß die entsprechende Menge ist. So behalten Sie die Preisübersicht.

Wie Unternehmen den Grundpreis mit einfachen Tricks aushebeln

Auch wenn die Vergleichbarkeit der Preise durch die gesetzlich vorgeschriebene Grundpreisverordnung zwar grundsätzlich gesichert ist, gilt: Holzauge, sei wachsam! Denn der Grundpreis ist oft in mikroskopisch kleiner Schrift gehalten, sodass nur das viel zitierte Adlerauge, aber keinesfalls der Durchschnittskunde geschweige denn der weitsichtige Rentner ihn entziffern kann.

Und Anbieter bedienen sich weiterer Tricks, um die (Grund-)Preise zu verschleiern. Beispielsweise kosten Salz- und Sesamstangen den gleichen Preis von 0,39 €. Doch in der ersten Packung sind 250 g und in der zweiten Packung lediglich 175 g. Auch der Grundpreis, der für beide Produkte auf einem Schild angegeben wird, bringt mit 0,16 – 0,22 €/100 g keine Klarheit.

250 g Pistazien kosten 1,99 €, das sind 0,80 €/100 g. Damit die unmittelbar daneben platzierten eigentlich teureren Macadamia-Nüsse preislich günstiger erscheinen, bietet man diese für 1,59 € an. Aber eben nur in der 125-g-Packung, was vom Kunden sehr leicht übersehen wird, wenn er nicht auf den Grundpreis von 1,27 €/100 g achtet. Mini-Schaumküsse kosten in der 266-g- bzw. 150-g-Packung 0,99 €, was einem Grundpreis von 0,37 – 0,66 €/100 g entspricht. Damit die unmittelbar daneben platzierten großen und damit preisgünstigeren Schaumküsse (0,89 € in der 300 g-Packung) nicht zu billig erscheinen, bedient man sich hier bei der Angabe des Grundpreises nicht des 100-g-, sondern des Kilo-Preises von 2,97 €.

Achten Sie darauf, ob sich der Grundpreis auf 100 g oder 1 kg bzw. auf 100 ml oder 1 l bezieht.

Größe nicht unbedingt billiger

Doch Gefahren lauern nicht nur bei kleineren Verpackungen. Vorsicht sollten wir auch bei Familien- oder sogenannten Jumbopackungen walten lassen. Denn häufig sind bei Süßigkeiten, Waschmitteln oder Frühstückszerealien, aber auch bei Duschgels und Beauty-Produkten zwei kleine Packungen günstiger als ein Maxi-Paket. Um die Vielzahl an Informationen schnell und einfach verarbeiten zu können, bedienen wir uns – wie schon mehrfach ausgeführt – zahlreicher Vereinfachungsregeln. Eine, an die viele Kunden glauben, ist: Große Packung = kleiner Preis. Der Handel bestätigt diese Vereinfachungsregel durch entsprechende Aufkleber und Aufdrucke: »XXL-Sparpack«, »XXL zum kleinen Preis«, »Vorteilsgröße«. Und wie sieht die Realität aus? Ganz anders. In vielen Fällen sind die Großpackungen – auf die gleiche Menge gerechnet – teurer als die kleinen Packungen. Damit wir das nicht gleich merken, stehen die Großpackungen oft nicht direkt neben den Kleinpackungen, sondern werden irgendwo anders im Laden separat platziert.

Die Universität Hohenheim hat deutsche und französische Supermärkte untersucht und herausgefunden, dass es in 15 von 19 Supermärkten bei rund 200 Artikeln aus dem Lebensmittel- und Drogeriebereich relative Preisaufschläge bei den Großpackungen gab. Eine amerikanische Studie spricht von einem Drittel der Großpackungen, die relativ teurer sind.

Und eine Untersuchung der Verbraucherzentrale Hamburg in Zusammenarbeit mit der Redaktion von sternTV brachte es auf 55 Großpackungen, die mehr kosteten als die entsprechende Menge der kleineren Packung. Das Spektrum der Produkte reicht von Beauty-Produkten und Waschmitteln über Süßigkeiten, Knäckebrot und Sekt bis hin zu Käse und Gemüsekonserven.

Die Abzockliste wird von einer Anti-Falten-Creme angeführt, bei der die Großpackung bezogen auf den Grundpreis 227 % teurer war als die kleine Packung. Die teuerste Großpackung im Lebensmittelbereich war eine Pralinenmischung, bei der die Großpackung 54 % mehr kostet als die entsprechende Menge der kleineren Packung. Auch dieser Einkaufsfalle können wir nur entgehen, indem wir die Grundpreisangaben am Regal vergleichen.

Rechnen Sie bei Großpackungen genau nach. Sonst laufen Sie Gefahr, mehr auszugeben als für die gleiche Menge in kleinen Packungen. Bei Verdacht auf Luftpackungen: Schütteln Sie das Produkt. Bewegt sich der Inhalt stark hin und her, ist viel Luft und wenig Ware drin. Knicken Sie Tüten an einer Stelle um – dann sehen Sie, wie viel Ware tatsächlich drin steckt.

Je häufiger, desto besser?

Aus Sicht der Hersteller ist eines ganz klar: Je häufiger wir ein Produkt verwenden, desto besser ist es. Daher versuchen die Hersteller die sogenannte Verwendungsintensität zu erhöhen, also die Häufigkeit, mit der wir ein Produkt benutzen. Dabei sind sie durchaus einfallsreich, wie die folgenden Beispiele zeigen: [33]

Zahlreiche Food-Hersteller führen mittlerweile Produkte, die wahlweise kalt oder heiß genossen werden können. Pionier auf diesem Gebiet war der Feinkostspezialist Nadler, der 2003 mit der Untermarke »Bistro-Salate heiß & kalt« erstmals in den Bereich warmer Gerichte vordrang. Vier neue Sorten Toast Hawaii, Chili con Carne, Spargel-Schinken und Brokkoli-Schinken eignen sich als Brotaufstrich, Salat und zum Überbacken. Spezielle Rezepturen gewährleisten, dass sich die Soßen nicht durch Erwärmung verändern, wie es bei den meisten anderen Feinkostsalaten der Fall wäre. Mittlerweile haben Branchenriesen wie Molkerei Müller, Nordmilch und Dr. Oetker sowie der Hauptwettbewerber Beeck-Homann an die Heiß-Kalt-Idee angeknüpft und eigene Heiß & Kalt-Produkte entwickelt.

Traditionell werden Kartoffelchips von rund 90 % der Verbraucher nach 18 Uhr konsumiert. Intersnack, der Hersteller der Marken funny-frisch, Chio, Pom-Bär und goldfischli, begann im April 2007, die Chips auch in einem 4er-Portionspack à 45 g anzubieten. In seiner Werbung für den Handel weist Intersnack auf Marktforschungsbefunde hin, die belegen, dass 65 % der Befragten das neue Produkt auch vor 18 Uhr konsumieren würden, quasi als kleinen Snack zwischendurch.

Maggi informiert den Verbraucher durch die auf der Rückseite der Verpackungen angebrachten Rezeptvorschläge darüber, dass sich beispielsweise die traditionell ausschließlich mit Teigwaren kredenzte Tomatensauce Napoli auch noch für eine Handvoll anderer Gerichte anbietet.

Danone fügt bereits seit Jahren seinem FruchtZwerge-Joghurt in den Sommermonaten Eisstäbchen hinzu. Der Verbraucher und hier insbesondere Kinder können damit Joghurt in Eis verwandeln, indem sie die Eisstäbchen durch die Folie stecken, die Becher mindestens vier Stunden ins Tiefkühlfach stellen, danach die Folie entfernen und schließlich das Eis aus dem Becher ziehen.

Wrigley beschreitet den Weg, die Verwendungsintensität durch größere Verpackungseinheiten zu steigern. Üblicherweise kaufen Verbraucher Kaugummi spontan; kein Kunde legt sich Vorräte an. Deshalb leiden Kaugummiproduzenten darunter, wenn die Kunden weniger oft ins Einkaufsgeschäft kommen. Wrigley entwickelte daraufhin die Wrigley's Extra Professional in der Vorratsdose. Untersuchungen haben gezeigt, dass Kunden, die nun die große Dose kaufen, mehr Kaugummi kauen als früher.

Markenware? Suchen Sie nach nichts als der Wahrheit!

Sie werden von Freunden zu einer Geburtstagsparty eingeladen. Sie betreten die Wohnung ihrer Gastgeber und sehen auf dem Tisch Erdnüsse stehen, die Sie aus dem Regal bei ALDI (oder Lidl, Penny, Netto …) kennen. Wäre es Ihnen peinlich, solche Produkte Ihren Gästen anzubieten? Wenn Sie einmal ganz ehrlich sind, müssten die meisten diese Frage mit Ja beantworten. Sie hätten die Befürchtung, dass Ihre Gäste sich fragen würden, ob sie Ihnen so wenig wert sind, oder ob Sie in einer finanziellen Zwangslage stecken.

Oder Sie besuchen Ihre Erbtante und bringen ihr als kleines Präsent statt After Eight den Täfelchen aus Bitterschokolade mit Pfefferminz-Geschmack und dem britisch-aristokratischen Image »Choceur Mints« von ALDI mit. Obwohl Ihre Tante bei einem Blindtest wohl kaum einen Unterschied zwischen den beiden Produkten feststellen könnte, würde sie im Falle des Handelsprodukts sicherlich darüber nachdenken, ob Sie tatsächlich der geeignete Erbe ihres Vermögens sind.

Sowohl Ihre Gäste als auch Ihre Erbtante wissen – wie übrigens die weit überwiegende Mehrheit der Konsumenten – vielleicht nicht, dass sowohl das salzige Knabberzeug als auch die Pfefferminzblättchen zwar Handelsmarken sind, in Wahrheit aber von bekannten Markenherstellern produziert werden und sich in den meisten Fällen weder in der Qualität noch im Geschmack von ihren bekannten Markenpendants unterscheiden.

Entgegen aller Logik ist es vielen von uns peinlich, wenn uns andere beim Erwerb oder Konsum von Handelsmarken beobachten.

Hallo Halo-Effekt

Marken sind uns offensichtlich wichtig. Doch warum ist das so? Verantwortlich hierfür ist der Halo-Effekt, der unsere Wahrnehmung und Beurteilung verzerrt. Halo heißt im Englischen Heiligenschein. Einzelne Eigenschaften eines Objekts (z. B. Attraktivität, sozialer Status) erzeugen einen Gesamteindruck, der die weitere Wahrnehmung des Objekts »überstrahlt«. Ein typisches Beispiel für einen Halo-Effekt wäre, wenn ein Lehrer annimmt, dass ein gut aussehender und freundlicher Schüler auch gute Leistungen erbringt.

Und genauso ist es bei Markenartikeln: Wir schließen von einer bekannten Marke darauf, dass das ganze Produkt hervorragend ist. Und sämtliche Studien zum Halo-Effekt bei Marken belegen, dass wir Markenprodukte höher einschätzen als Nicht-Markenprodukte. Für uns Konsumenten bedeutet es eine große Entlastung unserer grauen Zellen, wenn wir eine bekannte Marke sehen. Hirnforscher der Universität Münster haben mithilfe von Kernspintomografen festgestellt, dass sich nach Wahrnehmung einer starken Marke die Aktivität im Vorderhirn deutlich verringert. Wir entlasten uns also, indem wir nach dem Anblick einer Marke unseren Verstand ausschalten und nicht mehr darüber nachdenken müssen, ob das Produkt gut oder schlecht ist. Außerdem verbinden wir mit bekannten Marken positive Eigenschaften, vielleicht auch gute Erfahrungen und eine Steigerung unseres Selbstwertgefühls. Konkret tragen Marken oft auch zu unserem Prestige bei.

Bekannte Marken entlasten unser Gehirn, führen aber nicht selten zu Fehlentscheidungen.

Markenartikel: Mehr Schein als Sein?

Schon im Jahr 1965 stuften Verbraucher bei einer groß angelegten Studie Putenfleisch eines bekannten Markenherstellers besser ein als solches ohne Marke. Und das, obwohl es sich um ein und dasselbe Putenfleisch handelte. Und einen anderen, sehr bekannten Test können Sie auch selbst durchführen: Bei der Blindverkostung (d. h. mit neutralen Bechern, bei denen die Versuchsteilnehmer nicht wissen, welches Produkt dahintersteckt) von Coca-Cola und Pepsi wird Letzteres von den meisten Versuchsteilnehmern als das bessere Produkt eingeschätzt. Führt man den gleichen Versuch bei den gleichen Versuchsteilnehmern mit nun offenen Karten durch, bei denen erkennbar ist, welches Produkt gerade verkostet wird, ist das Ergebnis genau andersherum: Jetzt schmeckt plötzlich den meisten Testpersonen Coca-Cola besser. Warum aber trinken die meisten Leute die teurere Coca-Cola, obwohl ihnen Pepsi-Cola besser schmeckt? Offensichtlich unterliegen wir hier dem bereits angesprochenen Halo-Effekt, bei dem unsere Wahrnehmung dahingehend verzerrt wird, dass uns bekannte Marken besser schmecken.

Marken verzerren unsere Wahrnehmung systematisch, indem wir deren Qualität und Geschmack erheblich überschätzen.

Markenfetischismus bei den Kids

Bereits bei Vorschulkindern beeinflussen Marken Wahrnehmung und Geschmacksempfinden. US-Kinderärzte servierten Drei- bis Fünfjährigen im Rahmen einer Studie Speisen und Getränke, die typisch für Schnellrestaurants sind. Die Kinder erhielten jeweils identische Hamburger, Chicken McNuggets und Pommes frites in neutralen Verpackungen und in solchen mit McDonald's-Logo. Nach dem Essen erklärte eine klare Mehrheit der Kinder, die Produkte mit McDonald's-Aufdruck hätten besser geschmeckt.[34]

Und noch ein Beispiel für blinde Markengläubigkeit: Die sportbegeisterten Kids in den USA verlangen ständig nach den neusten Schuhmodellen von Nike, Adidas oder Reebok. Und so verwundert es nur wenig, dass von den »Air Jordan«-Schuhen 21 Modelle existieren. Eines von ihnen, der Air Jordan 17, kostet stolze 200 US-Dollar und wird dem Kunden in einem Metallkoffer überreicht. Kommt ein neues Modell auf den Markt, warten Hunderte von Jugendlichen vor den Läden, um als Erste die Innovation in Empfang nehmen zu können. Wer in den Wochen danach noch mit einem Vorgängermodell angetroffen wird, ist dem Spott und Hohn seiner Mitschüler ausgesetzt.

Eltern versuchen seit Jahren – zumeist vergeblich –, ihren Kindern diesen Markenfetischismus auszutreiben. Dabei ist der eigentliche Produktionsaufwand für den hohen Preis der Schuhe nahezu irrelevant. So liegen die Lohnkosten eines in China produzierten, 70 Dollar teuren Marken-Sneakers gerade einmal bei 1,16 $ (!), der Werbeaufwand aber ist rund sechsmal so hoch. Der amerikanische Basketballstar Stephon Marbury, Spielmacher der New York Knicks, will diesem Spuk ein Ende machen. Sein Schuh, der Starbury One, kostet gerade einmal 14,98 $. Dabei sind die Modelle keine Billigversion des Originals. Denn Marbury spielt genau in den Schuhen, die seine Fans in den Regalen des Handels finden. Qualität, zeigt der Star, muss nicht teuer sein. Die Eltern werden es ihm danken.

Bereits unsere Kinder lassen sich mittels Marken manipulieren.

Markenartikel oder Handelsmarke?

Bei Produkten lassen sich grundsätzlich Markenartikel, Handelsmarken und Gattungsmarken, die eine spezifische Form der Handelsmarke darstellen, unterscheiden.

Der Markenartikel wird vom Erzeuger, sprich produzierenden Unternehmen, konzipiert sowie geführt. Markenartikel überzeugten traditionell durch eine hohe Innovationskraft, überdurchschnittliche Qualität sowie eine hohe Bekanntheit bei den Verbrauchern, die durch intensive Werbung der Hersteller erreicht wurde. Auf den Punkt gebracht: Kaufte der Konsument einen Markenartikel, konnte er früher sicher sein, gute Qualität erworben zu haben.

Markenartikel werden von der Industrie konzipiert und geführt.

Als teuerste Marke der Welt gilt Coca-Cola mit einem geschätzten Wert von nahezu 60 Mrd. €. Hiermit ist nicht der Wert des Unternehmens Coca-Cola, sondern alleine der Wert des Markennamens gemeint! Auf Platz acht folgt McDonald's (Markenwert = 22 Mrd. €), auf Rang zehn Marlboro (18 Mrd.). Wesentlicher Bestandteil des Markenartikels ist sein Markenname. In der Tabelle auf Seite 201f. finden sich ausgewählte Markennamen sowie deren Ursprung.[35]

Kommen wir nun zu den Handelsmarken: In den 60er-Jahren begann ALDI als erster deutscher Einzelhändler, selbst eigene Marken zu entwickeln und Produkte unter diesen eigenen Marken zu verkaufen. Die Handelsmarke war geboren. So bezeichnet man Marken, die von den Handelsunternehmen selbst geschaffen werden und die wir dementsprechend nur bei den jeweiligen Handelsunternehmen kaufen können. Oft werden diese Handelsmarken aber von bekannten Markenartikelproduzenten hergestellt und unterscheiden sich – wenn überhaupt – nur wenig von den bekannten Markenartikeln, die aus dem gleichen Hause stammen. Oder unverblümt ausgedrückt: Hinter den Handelsmarken stecken oft »verdeckte« Herstellermarken.

Handelsmarken garantieren dem Verbraucher unter anderem deshalb meist einen hohen Qualitätsstandard, weil sie einer zweimaligen Qualitätskontrolle unterliegen: Die Handelsketten prüfen die Qualität der Produkte selbst noch einmal, obwohl der Hersteller diese dem Gesetz entsprechend schon einmal kontrolliert hat. Dadurch wollen die Handelsunternehmen vermeiden, im Falle von Lebensmittelskandalen oder schlechten Warentestergebnissen negativ in den Medien erwähnt zu werden.

Handelsmarken werden von Handelsunternehmen konzipiert, im Regelfall aber in deren Auftrag von bekannten Markenartikelherstellern produziert.

Gattungsmarken (auch die Weißen genannt) gelten als Spezialform der Handelsmarke. Sie stechen hervor durch eine einfache, zumeist von der Farbe weiß dominierte Verpackung, Standardqualität und mittlere sowie gleichbleibende Qualität und günstige Preise. Typische Vertreter sind die Sparsamen von Spar, A&P von Tengelmann,

Tip von Real und Extra, Gut & Günstig von Edeka und ja! von Rewe. Gattungsmarken wurden Mitte der 70er-Jahre geschaffen und dienen auch heute noch als Speerspitze des klassischen Lebensmitteleinzelhandels gegen die Discounter.

Mittlerweile gibt es aber auch noch Biomarken (z. B. GutBio bei ALDI Nord, Bio bei ALDI Süd, Bioness bei Lidl, real,- Bio und REWE Bio), Light-Marken (z. B. Belight bei ALDI Süd, Linessa bei LIDL) und sogar Premium-Marken (z. B. Gourmet bei ALDI Süd, REWE Feine Welt und real,- SELECTION).[36]

Übrigens versuchen auch zahlreiche Händler selbst zu einer Marke zu werden. Der Marketingexperte spricht hier von »Retail Branding«. Dahinter steht der Versuch, dass wir schon alleine mit dem Unternehmen etwas Positives verbinden. ALDI möchte für einfaches Einkaufen und Preisgünstigkeit bei guter Qualität stehen, IKEA für unkonventionelle Lösungen, Kundenbeteiligung und modernes Design, H&M für modernes Bekleidungsdesign, ständig viele Neuerungen und gute Preise. Wenn man sich die Liste der stärksten deutschen Marken anschaut, hat das geklappt. Unter den Top Ten finden sich sieben Händler.

Welche Marke verbirgt sich dahinter? – Das Beispiel ALDI

Das ALDI-Süd-Waschmittel »Tandil«, die Zahnpasta »Benny« oder die Marmelade – alles stammt aus der Produktion renommierter Markenartikler. Weitere Beispiele sind »Sweetland« (= Katjes, die nach Schätzungen rund die Hälfte ihrer Produktion über ALDI absetzen), »Biscotto« (= Leibnitz/Bahlsen) sowie »Milsani Buttermilch« (ALDI Nord) und »Milfina Buttermilch« (ALDI Süd) (= Müllermilch). Und die von Testern als beste Schokolade eingestufte Premium-Handelsmarke »Moser-Roth« stammt aus dem Hause August Storck, den Machern von so bekannten Markenartikeln wie Nimm 2, Knoppers, Toffifee, Dickmann's und Werthers Echte. Folgende weitere bekannte Markenhersteller produzieren Handelsmarken für ALDI:

- Alpenhain Camembert-Werk (Camembert)
- Campina GmbH (Joghurt)

- Develey (Senf)
- Freiberger Lebensmittel GmbH & Co. »Alberto« (Pizza)
- Frosta (Prima Bio Gemüse)
- Intersnack/Chio (Chips Cracker)
- Humana Milchunion eG (Quark-Creme, Pudding)
- J. Bauer KG Milchverarbeitung (Joghurt)
- Nestlé (Grill-Saucen)
- Schöller Lebensmittel GmbH & Co. (Eiscreme)
- Storck »Dickmann« (Schokoküsse)
- Zott KG (Joghurt und Käse)

Damit auch die anderen Discounter nicht zu kurz kommen, findet sich hier auch für die Konkurrenten des Discountprimus eine Auswahl an Handelsmarken und deren Hersteller.

Anbieter	Handelsmarke	Markenhersteller
Plus	• Classic Kondensmilch • BioBio Vollmilch frisch • Capannina Mozzarella	• Bärenmarke • Weihenstephan • Zott
Norma	• Goldglück Frischkäse • Riva Eis, Sahne-Kaffee • Cornwall Grüner Tee/Kräutertee	• Karwendel (Exquisa) • Roncadin (Landliebe) • OTG (Meßmer, Milford)
Penny	• Dinner Fee Dosensuppen • Bauer's Pommersche Leberwurst • Elite Milchreis	• Heinz • Rügenwalder Teewurst • Müllermilch
Lidl	• Combino, Spaghetti • Eisstern, Gelatelli • Edelrahm Joghurt mild	• Kraft (u.a. Miracoli) • Humana Milch • Bauer

Hinter Handelsmarken verbergen sich im Regelfall »verdeckte« Herstellermarken.

Mit Handelsmarken Geld sparen

Markenartikel stehen für gute Qualität, nicht selten aber auch für hohe Preise. Deshalb stellen sich mehr und mehr Verbraucher die Frage, ob es denn wirklich ein Markenprodukt sein muss oder ob nicht auch eine Handelsmarke genügt. Schließlich gibt es im

Lebensmittelhandel, und hier speziell bei den Discountern, eine Vielzahl von Handelsmarken, die von Markenherstellern unter anderem Namen produziert werden. Der Verkaufspreis solcher Handelsmarken liegt normalerweise zwischen 10 und 60 % unter dem des Markenprodukts. Entsprechende Beispiele können Sie der folgenden Tabelle entnehmen.[37]

Mit dem Kauf von Handelsmarken können wir im Vergleich zu Markenartikeln bis zu 60 % einsparen.

Markenartikel	»Kopiertes« No-Name-Produkt	Preisersparnis (in %)
Bahlsen ABC Russisch Brot	Covo Russisch Brot (Penny)	33
Der Große Bauer Erdbeer	Gut & Günstig Fruchtjoghurt Erdbeer fettarm (Edeka)	11
Gutfried Putenbrust »natur«	TIP Putenbrust »natur« gegart (Real)	36
Harry »1688« Steinofenbrot	3-Ähren-Brot Bauernschnitte (Penny)	60
Herta Grobe Leberwurst	Dulano Delikatess Leberwurst, grob (Lidl)	54
Katjes Joghurt-Gums	Sweet Land Joghurt-Früchtchen (ALDI)	37
Meggle die Kräuterbutter	Louis d'Or Kräuterbutter (Penny)	17
Müller Reine Buttermilch	Milsani Reine Buttermilch (ALDI)	42
Rausch El Cuador Schokolade 70 %	J. D. Gross Ecuador Schokolade 70 % (Lidl)	57

Als Handelsmarkendetektiv auf Spurensuche

Wenn jeder Verbraucher wüsste, dass in einer Handelsmarkenpackung heimliche Markenprodukte stecken, würden sie deutlich weniger Markenartikel kaufen. Deshalb versuchen die Markenhersteller geheim zu halten, dass sie auch die deutlich günstigeren Handelsmarken produzieren. Beispielsweise ändern sie – wenn auch nur geringfügig – die Rezeptur. Folglich müssen Handelsmarken nicht exakt so wie ihre deutlich teureren Markenartikel schmecken. Die Produzenten tun dies entweder, um dem Argument zu begegnen, man bekäme exakt dasselbe Produkt für einen deutlich günstigeren Preis, oder aber die belieferten Discounter fordern bzw. bevorzugen eine etwas andere Rezeptur. In letzterem Fall ist die Qualität übrigens nicht selten höher als beim Original.[38]

Oberstes Gebot bei solchen Vertriebskonzepten ist es, die Kannibalisierung der Hauptmarke zu verhindern, was voraussetzt, dass dem Konsumenten die Doppelstrategie unbekannt bleibt. Deshalb findet sich auf den Produktverpackungen zumeist nur die Bezeichnung »Hergestellt für …« oder (nahezu) gänzlich unbekannte Firmennamen. Beispielsweise verbirgt sich hinter der Feurich GmbH und der Biscotto GmbH, beide in Hannover, der Markenhersteller Bahlsen.

Markenartikelhersteller versuchen systematisch ihre Doppelstrategie, sowohl Markenartikel als auch Handelsmarken zu produzieren, zu verschleiern.

Doch Experten geben der Herstellungsort und die diversen Kennzeichnungsnummern Aufschluss über die hinter den No-Name-Produkten, Handelsmarken und Zweitmarken stehenden renommierten Markenhersteller. Nach EU-Verordnung müssen sämtliche abgepackten Fleisch-, Fisch- und Milchprodukte auf der Verpackung ein kleines ovales Zeichen aufweisen, das die sogenannte Veterinärkontrollnummer enthält. Anhand dieser lässt sich nachvollziehen, aus welcher Produktion die Ware stammt (Lebensmittelkennzeichnung siehe Glossar).

Da es für Markenhersteller häufig unrentabel ist, die Rezeptur oder die Einstellung der Produktionsanlagen zu ändern, ist ein Großteil der günstigen Produkte absolut identisch zum Markenpendant. Doch wird in einigen Fällen bereits mit kleinen Produktvariationen (z. B. bei Geschmacks- und Duftstoffen) beim Verbraucher der Eindruck eines völlig anderen Produkts erweckt.

Anhand der Kennzeichnungsnummern auf den Produkten lässt sich erkennen, wer die Handelsmarken produziert hat.

Weitere Indizien

Trotz der Geheimhaltungsstrategie der Markenhersteller gibt es weitere Anhaltspunkte, die uns Hinweise auf den Produzenten geben können:

• Zutatenliste: Hier geht es nicht nur darum, dass viele identische Zutaten enthalten sind, sondern auch um die Menge der jeweiligen Zutaten. Markenhersteller achten normalerweise darauf, dass die Zutatenlisten nicht zu 100 % gleich sind, da es für den Verbraucher ansonsten außer dem Image bzw. Prestige keinen Grund mehr gäbe, den teureren Markenartikel zu kaufen.

• Nährwerttabelle: Sind die auf den meisten Lebensmittelpackungen abgebildeten Tabellen mit Brennwert in kJ oder kcal sowie der Menge an Eiweiß, Kohlenhydraten und Fett pro 100 g von Marken- und No-Name-Produkt sehr ähnlich oder gar identisch, kann das als weiterer Beleg dafür gelten, dass beide Produkte aus demselben Haus stammen.

• Herstellungsort: Kommen beide Produkte aus demselben Ort, ist die Wahrscheinlichkeit des gleichen Produzenten hoch. Speziell bei kleinen Orten dürfen wir davon ausgehen, dass dort keine zwei Fleischfabriken angesiedelt sind. Die Postleitzahlen und die Straßenangaben unterscheiden sich oft bei beiden Produkten. Entscheidend ist aber, dass es sich um dieselbe Stadt handelt.[39]

Weitere wichtige Hinweise, welcher Hersteller sich hinter einer Handelsmarke verbirgt, bieten die auf der Packung aufgedruckte Zutatenliste und Nährwerttabelle sowie der Herstellungsort.

Bedeutet Marke Sicherheit?

Aber nicht immer sind wir Kunden bereit, Handelsmarken zu vertrauen. Das wahrgenommene Risiko hängt sehr stark vom Produkt ab, das man kaufen möchte. Dass bei Babynahrung und Tierfutter viel mehr Markenartikel verkauft werden als unbekannte Handelsmarken, hat auch viel damit zu tun, dass die Käufer kein Risiko eingehen möchten. Deshalb nehmen sie die vermeintlich sichere Marke bzw. das vermeintlich bessere Produkt.

Der Wolfsburger Handelsprofessor Joachim Hurth führt in diesem Zusammenhang folgendes Beispiel an: »Verbraucher äußern die Ansicht, dass No-Name-Arzneimittel, die frei verkäuflich sind, genauso gut sind, wie diejenigen bekannter Hersteller. Ist die Krankheit allerdings ernst oder wird das Produkt für ein Kind gekauft, greift man zum Markenprodukt.«[40]

Selbst probieren!

Machen Sie doch selbst einmal einen Blindtest (nur Sie wissen, um welche Marke es sich handelt) mit Ihrer Familie oder Ihren Freunden! Kaufen Sie zwei Süßigkeiten und lassen Sie Ihre Verwandten mal raten, welches das Marken- und welches das Handelsmarkenprodukt ist. Sie werden sich wundern (oder nachdem Sie das alles gelesen haben, eben nicht!).

Zum Abschluss dieses Kapitels unsere ganz persönliche Meinung zur Frage »Markenartikel oder Handelsmarke?«: Auch wir, die Autoren, sind von sozialen Zwängen und Normen nicht ganz frei. Und so kaufen auch wir für Feste nicht das Bier beim Discounter, und wenn wir ein Geschenk mitbringen, ist es eher die bekannte Markenschokolade als die günstige Handelsmarke. Der Marketingexperte spricht in diesem Zusammenhang von demonstrativem, also öffentlich-sichtbarem Konsum.

Doch bereits wenn wir die Erdnüsse aus der Verpackung in eine neutrale Glasschale umfüllen und unsere Gäste nicht sehen können, um welche Marke es sich handelt, kommen wir ins Wanken, und ökonomische Überlegungen gewinnen langsam die Oberhand. Warum mehr ausgeben, wenn die Handelsmarke gleich gut schmeckt wie der deutlich teurere Markenartikel?

Und spätestens beim Toilettenpapier, bei dem sowieso niemand erkennt oder darauf achtet, aus welchem Hause es stammt, greifen wir ohne den geringsten Zweifel auf die Handelsmarke zurück. Denn bei aller Wertschätzung und Sensibilität unseres Allerwertesten und derer unserer Gäste: Hier kann man beim besten Willen keinen Unterschied zwischen der Handelsmarke und dem aus dem gleichen Hause stammenden, aber deutlich teureren Markenartikel erkennen.

Gütezeichen: Vertrauen ist gut, Kontrolle ist besser!

Montagmorgen am Frühstückstisch: Beim Lesen der Tageszeitung fällt der Blick auf die ganzseitige Anzeige eines der führenden Discounter in Deutschland. Der Frühling steht vor der Tür, der Bauch ist über den Winter auch nicht kleiner geworden, und so kommt das Angebot eines Fahrrades mit dem Urteil »gut« der Stiftung Warentest genau zur richtigen Zeit. Erst bei genauerem Lesen – die Erläuterung des Warentest-Ergebnisses ist so klein gedruckt, dass der Durchschnittsleser für deren Entziffern eine Lupe benötigt – stellt sich heraus, dass sich das Testurteil nicht auf das ganze Fahrrad, sondern lediglich auf den eingebauten Nabendynamo bezieht.

Aus dem neuen Fahrrad zum Discountpreis wird also nichts. Da wir flexibel sind, schwenken wir schnell um auf Fitness durch gesunde Ernährung. Zahlreiche Milchprodukte in der Anzeige des Discounters stechen durch das rote Logo von Öko-Test hervor. Doch bei genauerem Hinsehen folgt auch hier die herbe Enttäuschung: Die guten Testnoten betreffen nicht den Inhalt, sondern die Umweltfreundlichkeit der Verpackung, die wir leider nicht essen können. Schon wieder wurden wir durch einen »Eye-Catcher«, also eine Schlüsselinformation in Form eines Gütesiegels hinters Licht geführt.

Denn angesichts der mittlerweile unüberschaubaren Vielzahl an Produkten, die sich auf den ersten und auch zweiten Blick kaum mehr voneinander unterscheiden, wird es für uns immer aufwendiger, die richtige Wahl anhand objektiver Kriterien zu treffen. Stellen Sie sich einmal vor, Sie müssten sämtliche Produkte, die täglich in Ihrem Einkaufskorb landen, vorher einem Preis-Leistungs-Vergleich zu konkurrierenden Angeboten unterziehen.

Mehr Gütezeichen, weniger Risiko?

Um den Einkauf zu beschleunigen und einem Nervenzusammenbruch durch Informationsüberlastung zu entgehen, bedienen wir uns deshalb sogenannter Schlüsselinformationen, von denen wir auf die gesamte Qualität des Produktes schließen. Der Marketingspezialist bezeichnet dieses Phänomen als Attributdominanz, weil wir von einem Merkmal – im vorliegenden Fall einem Gütesiegel – auf das gesamte Produkt schließen. Und das machen wir besonders gerne dann, wenn wir wenig über das Produkt wissen, uns das Produkt komplex erscheint, wir das Risiko eines Fehlkaufs – etwa aufgrund des Preises – als hoch einschätzen und wir wenig Vertrauen in unser eigenes Urteilsvermögen besitzen.

Durch Gütezeichen kann das wahrgenommene Risiko beim Käufer verringert werden. Der Schuhhändler Deichmann warb beispielsweise im März 2004 damit, dass seine Kinderschuhe vom TÜV geprüft seien. Die Drogeriekette Rossmann wirbt ab und an mit den guten Testurteilen der Eigenmarken, die plakativ mit den Testnoten der teureren Herstellermarken verglichen werden. Auch eine lebenslange Garantie wie beim Versandhaus Land's End reduziert das wahrgenommene Risiko und reizt Käufe an.

Doch jetzt einmal ganz ehrlich: Obwohl auch Sie sich dem Einfluss solcher Prüfsiegel, Zertifikate und Testurteile nicht ganz entziehen können, wissen Sie in den meisten Fällen gar nicht genau, was eigentlich genau dahintersteht. Die Vielzahl und Vielfalt der Gütezeichen, die man mittlerweile auf den Verpackungen der Produkte findet, stiften bei den meisten Verbrauchern mehr Verwirrung als Klarheit. Doch das muss nicht so sein – vorausgesetzt man weiß, was die Gütesiegel im Einzelnen aussagen und was nicht.

Beginnen wir mit dem wohl bekanntesten Gütesiegel in Deutschland, dem Zeichen der Stiftung Warentest. Die 1964 gegründete staatlich unterstützte Verbraucherschutzorganisation überprüft seit nunmehr über 45 Jahren Produkte aller Art – vom Haushaltsreiniger bis zur Tiefkühlpasta, vom Staubsauger bis zur Müslimischung. Inzwischen wurden mehr als 75.000 Produkte auf den Prüfstand gestellt. 96 % aller Deutschen kennen die Stiftung Warentest. Geprüft werden die Produkte und Dienstleistungen nach wissenschaftlichen Methoden in unabhängigen Instituten. Die Ergebnisse werden in hauseigenen Publikationen veröffentlicht.

Als unabhängige Stiftung bürgerlichen Rechts ist die Verbraucherschutzorganisation frei bei der Testplanung sowie bei der Entwicklung und Anwendung ihrer Testkriterien. Besonderer Wert wird hierbei auf den Nutz- und Gebrauchswert sowie die Umweltfreundlichkeit der Produkte gelegt. Ausgewählte Verbraucher, Vertreter der Wirtschaft sowie neutrale Sachverständige entscheiden über die Tests.

Die Stiftung erwirbt die Produkte anonym im Handel und nimmt Dienstleistungen verdeckt in Anspruch. Die Tester treten demnach als normale Kunden »wie du und ich« auf, um zu unverfälschten Ergebnissen zu gelangen.

Des Weiteren wird die Neutralität der Stiftung dadurch abgesichert, dass sie laut Satzung keine Einnahmen durch Anzeigen in ihren Publikationen erzielen darf. Deshalb bekommt sie eine jährliche Ausgleichszahlung vom Staat, die rund 13 % ihres Etats ausmacht. Zum größten Teil finanziert sie sich aber durch den Verkauf ihrer Publikationen (u. a. die Zeitschriften »test« und »Finanztest« sowie Bücher aus den Bereichen Gesundheit, Geld oder Informationstechnik).

Wurden Produkte getestet, können die betreffenden Unternehmen mit dem Logo der Stiftung Warentest und der Testnote werben. Die Testnoten sind wie Schulnoten von 1 bis 6 unterteilt. Es versteht sich von selbst, dass Anbieter nur mit dem Gütesiegel werben, wenn die eigenen Produkte mit »sehr gut« oder »gut« abgeschnitten haben.

Rund ein Drittel der Deutschen berücksichtigt die Stiftung Warentest-Urteile bei wichtigen Kaufentscheidungen. Umso ratsamer ist es, auf die Fallstricke zu achten, die hier lauern:

Die Produkte werden nicht über einen längeren Zeitraum auf ihre Qualität hin getestet. Die Bewertung stellt also nur eine Momentaufnahme dar. Aus diesem Grund sollten Sie immer auch auf den Monat und das Jahr achten, in dem der Test durchgeführt wurde. Manche Hersteller und Handelsunternehmen verzichten auf das Datum – dann sollten Sie Vorsicht walten lassen. Und auch bei einem älteren Testdatum sollten Sie skeptisch werden: Wenn der Orangensaft im September 2001 ein »sehr gut« bekommen hat, heißt das nicht, dass er auch heute noch schmeckt. Ganz zu schweigen davon, dass es mittlerweile vielleicht bessere Produkte auf dem Markt gibt.

Um das Testurteil auch im Konkurrenzumfeld richtig einordnen zu können, sollten glaubwürdige Hersteller und Handelsunternehmen immer auch das Gesamtergebnis darstellen: »Insgesamt wurden 25 Produkte getestet, davon 2 mit »sehr gut«, 14 mit »gut« usw.«. Wird darauf verzichtet, ist Vorsicht geboten: Es könnte nämlich sein, dass das beworbene Produkt zwar mit »gut« bewertet wurde, die meisten anderen aber ein »sehr gut« erhielten.

Aufpassen heißt es auch, wenn Produkte, die aus mehreren Einzelkomponenten bestehen, mit einem Testurteil beworben werden. Nicht selten bezieht sich das Testurteil dann nur auf eine einzelne Komponente wie im oben geschilderten Fall auf den Nabendynamo und nicht auf das gesamte Fahrrad.

 Neben der Stiftung Warentest treffen wir häufig das rote Logo von Öko-Test. In über 20 Jahren hat die Zeitschrift über 100.000 Produkte geprüft, wobei der Schwerpunkt – wie der Name schon sagt – auf den gesundheitlichen Risiken und der Umweltverträglichkeit der Produkte liegt. Wie bei der Stiftung Warentest wird hier das Testergebnis in einer Schulnote ausgedrückt. Die Fallen, die beim Öko-Test-Logo lauern, sind dieselben wie bei der Stiftung Warentest. Also genau hinschauen!

Das grüne Sechseck des Bio-Siegels wurde vom Verbraucherschutzministerium ins Leben gerufen, um Lebensmittel zu kennzeichnen, die nach den Bestimmungen der EG-Öko-Verordnung hergestellt werden. Solche Lebensmittel müssen zu mindestens 95 % aus ökologischem Landbau stammen. Chemische Pflanzenschutzmittel, umweltschädlicher Stickstoffdünger, Gentechnik und die meisten Zusatzstoffe dürfen nicht eingesetzt werden. Bei Fleischprodukten müssen die Tiere aus artgerechter Haltung stammen.

Immer mehr Produkte – mittlerweile sogar auch manche beim Discounter – tragen das Fairtrade-Siegel. Wenn Sie bei solchen Kaffees, Bananen oder Kakaoprodukten zugreifen, können Sie sicher sein, dass den Produzenten – zumeist kleinen Landwirten in Entwicklungs- oder Schwellenländern – faire Preise bezahlt und Umweltstandards eingehalten werden.

Wer gerne Fisch aus der Tiefkühltruhe oder dem Kühlregal einkauft, kennt das blaue Abzeichen mit dem Fisch. Doch wer oder was genau steckt hinter der »Marine Stewardship Council«, kurz MSC?

Bei der MSC handelt es sich um eine unabhängige Institution, die etwas gegen die Überfischung der Meere und für verantwortliche Fischerei tun möchte. Deshalb kommen nur solche Fischereibetriebe in den Genuss des blauen Siegels, die keine umweltschädlichen Fangmethoden einsetzen, die Fischbestände auf dem natürlichen Niveau halten und Überfischung vermeiden. Die ökologischen, gesetzlichen und sozialpolitischen Standards werden laufend überprüft.

Zu den bekanntesten Gütesiegeln in Deutschland gehört der »Blaue Engel«. Er wird von der Jury Umweltzeichen vergeben, in der das Umweltbundesamt, Umwelt- und Verbraucherverbände sowie Industrie und Handel vertreten sind. Ausgezeichnet werden besonders umweltschonende und gesundheitlich unbedenkliche Produkte und Dienstleistungen. Wichtig ist, dass es sich dabei um eine relative Umweltverträglichkeit handelt. Auch wenn Farben und Lacke Umweltgifte sind und bleiben, werden diejenigen ausgezeichnet, die am wenigsten umweltschädlich sind. Sie als Kunde wählen also manchmal nur das kleinere Übel.

Die folgenden drei Kennzeichen zeigen Ihnen nur an, dass ein technischer Standard eingehalten wird. Sie finden diese meist auf der Unterseite oder Rückseite von technischen Geräten. Offensiv beworben werden sie von den Handelsunternehmen oder Herstellern nur selten.

Die CE-Kennzeichnung (Communauté Européene = Europäische Gemeinschaft) wird an Produkte vergeben, die den technischen Bestimmungen der EU-Richtlinien entsprechen. Hinweise auf die Qualität der Produkte vermittelt das Kennzeichen nicht.

Nicht nur Ihr Auto, sondern auch elektrische Geräte müssen zum TÜV. Die TÜV-Plakette, die von staatlich zugelassenen Prüfstellen vergeben wird, ist das GS-Zeichen. Es garantiert, dass ein Produkt aus technischer Perspektive ohne Risiken genutzt werden kann. Anbieter müssen das Zeichen nach fünf Jahren neu beantragen.

Der VDE ist der Verband der Elektrotechnik, Elektronik und Informationstechnik. Das VDE-Zeichen bestätigt elektrischen Geräten lediglich, dass sie die gesetzlichen Anforderungen für elektrische Sicherheit und Gesundheitsschutz erfüllen. Einmal jährlich werden die Produkte getestet.

Da Verbraucher sich von Prüfzeichen geradezu magisch angezogen fühlen, »motzen« viele Unternehmen ihre Produkte mittlerweile mit ihren eigenen Prüfzeichen auf. Da gibt es dann »Dermatologisch getestet«, »Geprüft vom Institut für Lebensmittelhygiene«, »Ausgezeichnet vom Deutschen Labor für Qualität«. Hier können Sie grundsätzlich nicht von etablierten Gütezeichen ausgehen, und so ist Skepsis angebracht. Die Aussagekraft solcher Eigenkreationen ist meist gering.

Unternehmen verfügen selbstverständlich noch über ein weiteres »Prüfsiegel«: das Siegel der Verschwiegenheit! Denn Anbieter sind nicht verpflichtet, schlechte Testurteile und Bewertungen auf ihren

Produkten anzubringen. Wenn ein Produkt also kein Prüfsiegel oder Testurteil trägt, kann dies auch bedeuten, dass es nicht den Standards entsprach oder mit schlechtem Ergebnis getestet wurde. Also: Holzauge, sei wachsam. Denn in den meisten Fällen ist Vertrauen in Gütesiegel gut, Kontrolle aber besser!

Zum Abschluss dieses Kapitels noch eine Anekdote, in deren Mittelpunkt des Deutschen liebstes Kind, nämlich das Auto steht: Eine renommierte deutsche Automobilzeitschrift fragte im Vorfeld eines Autotests bei einem großen deutschen Hersteller an, wie viele Sonderhefte abgenommen würden, wenn das Flaggschiff des Konzerns den Wettbewerb gewinnen würde. Nachdem ein Sonderauftrag von 30.000 Exemplaren in Aussicht gestellt worden war, ging – welch ein Wunder – das betreffende Fahrzeug als Testsieger hervor. Und jetzt stellen Sie sich einmal folgende Frage: Warum gewinnen in deutschen Autozeitschriften normalerweise deutsche Fahrzeuge, in französischen Publikationen französische Autos, in italienischen Gazetten italienische Kraftwagen …?

Schöne bunte Welt: Nicht durch Irradiieren irritieren lassen!

Wenn wir etwas sehen, sind viele Regionen in unserem Gehirn aktiv. Farbe, Form, Tiefe und Bewegungen werden wahrgenommen und verarbeitet. Dabei gehen wir aktiv vor: Wir suchen selbst aus, was wir sehen möchten. Deshalb sind Farbe und Licht wichtig – auch im Handel. Im Supermarkt treffen wir täglich auf tausende von Produkten.

Farbe bekennen

Da der Augenkontakt zum einzelnen Produkt – falls überhaupt – nur äußerst flüchtig ausfällt, schaffen es nur wenige Artikel auf den AIDA-Olymp. Wenn Sie jetzt an die Oper des italienischen Komponisten Giuseppe Verdi denken, liegen Sie falsch. Und auch die beliebten Kreuzfahrtschiffe sind hier nicht gemeint.

Mit der Abkürzung AIDA bezeichnet der Werbepsychologe eine wichtige Wirkfolge im Marketing: Wenn der Kunde durch Werbung oder Verpackung aufmerksam (A = Attention) gemacht ist, muss sein Interesse (I = Interest) ausgelöst und sein Verlangen (D = Desire) geweckt werden, damit er schließlich das Produkt kauft (A = Action).

Erfolgreiche Produkte bewirken bei uns AIDA = Attention, Interest, Desire, Action.

Um AIDA zu erzielen, müssen Produkte aus der Masse herausstechen und eine starke Signalwirkung erzielen. Da wir Produkte zunächst optisch wahrnehmen, hängt es damit wesentlich von der Farbe des Produkts und der Verpackung ab, ob wir diese begehren oder ablehnen. Die Farbe dient uns als Schlüsselreiz, der uns hilft, Entscheidungen schnell zu treffen und mit überschaubarem Aufwand aus der Vielzahl von Produkten das vermeintlich beste auszuwählen. Konkret schließen wir von der Farbe eines Produkts auf dessen Qualität, Frische und andere Eigenschaften. Dieses Phänomen bezeichnet der Wahrnehmungspsychologe als Irradiationseffekt. Irradiation heißt Ausstrahlung, ein Merkmal strahlt auf andere Merkmale ab.

Um uns schnell entscheiden zu können und unser Gehirn zu entlasten, schließen wir von einer Eigenschaft auf andere Merkmale des Produktes.

Irren ist menschlich, und Irradiation auch

Durch den Irradiationseffekt wird unsere Wahrnehmung dahingehend verzerrt, dass eine Eigenschaft (hier die Farbe eines Lebensmittels) auf eine andere (z. B. den vermuteten Geschmack) ausstrahlt. Die Abbildung zeigt ein einfaches und bekanntes Beispiel dafür, wie die Veränderung einer Eigenschaft eine andere beeinflusst. Beide Bilder bestehen aus den gleichen Elementen: Kreis, zwei Punkte und Halbkreis. Durch Drehung des Halbkreises um 180 Grad entsteht für den Betrachter jedoch ein völlig neuer Eindruck. Das gesamte Bild hat sich verändert und es scheint, als würden die Augen des linken Männchens fröhlicher aussehen als die des rechten, obwohl diese in beiden Bildern identisch sind.

Beispiel für den Irradiationseffekt [41]

Versuche mit gefärbtem Orangensaft belegen den Irradiationseffekt dahingehend, dass die Geschmacksempfindung in erheblichem Maße von dem bestimmt wird, was wir sehen. Die Teilnehmer an diesem Experiment bekamen sowohl geschmackliche als auch farblich veränderte Orangensäfte zu trinken. War der Saft heller gefärbt als üblich, blieb die höhere Süße im nachgezuckerten Getränk unentdeckt. War das Getränk hingegen dunkler gefärbt, glaubten die Probanden bei dem gleichen Saft in unterschiedlichen Gläsern Geschmacksunterschiede wahrzunehmen.[42] Damit ist belegt, was der Volksmund schon lange verkündet: Das Auge isst (oder trinkt) mit.

Farben beeinflussen also unser Geschmacksempfinden. Ein grünes Bonbon schmeckt uns saurer und frischer als ein gleichwertiges rotes Bonbon. Ein blass erscheinendes Lebensmittel schmeckt uns fader als ein leuchtendes.

Die geheimen Verführer

Der amerikanische Publizist Vance Packard hat in seinem konsumkritischen Bestseller »Die geheimen Verführer« schon im Jahr 1976 über ein interessantes Experiment berichtet: Hausfrauen bekamen über längere Zeit drei vermeintlich unterschiedliche Waschmittel zum Testen. Die eine Sorte hatte eine tiefblaue Verpackung, die zweite war in einem knallgelben Karton, und die dritte Verpackung war blau und hatte gelbe Farbtupfer. Das Ergebnis war eindeutig: Das Waschmittel in der blauen Packung war den Hausfrauen zu wenig reinigungsstark, die Wäsche bliebe oft dreckig. Das gelb verpackte Waschmittel sei in seiner Wirkung zu aggressiv gewesen. Nur mit dem dritten Waschmittel waren die Frauen zufrieden. Was die Hausfrauen nicht wussten: In allen drei Kartons war dasselbe Waschmittel.

Um eine objektive Beurteilung des Geschmacks von Lebensmitteln in der Endstufe der Produktentwicklung sicherzustellen, werden Tests in einem Licht durchgeführt, in dem keine eindeutige Farberkennung mehr möglich ist. Wenn etwa McDonald's neue Lieferanten auf die Qualität von Paddies – so nennt man im Fachjargon die Hackfleischscheiben – untersucht, sitzen die Tester in einer Kabine, die mit einem Speziallicht ausgestattet ist. Durch die Beleuchtung sehen alle Test-Paddies gleich aus, sodass vom visuellen Eindruck kein Einfluss auf das Geschmacksempfinden ausgehen kann.

Woher kommen unsere Farbvorstellungen?

Doch wo bzw. wie wird festgelegt, welche Vorstellungen wir mit Farben verbinden? Hier lassen sich drei Erklärungen finden:
Da sind als Erstes die eigenen Erfahrungen: Wir haben im Laufe unseres Lebens gelernt, dass bestimmte Gegenstände bestimmte Farben tragen. Reife und wohlschmeckende Orangen zeichnen sich durch eine bestimmte Farbe namens Orange aus. Pflaumen hingegen sollten blau und nicht grün sein, wohingegen Gurken grün und nicht Orange sein müssen. Im Laufe der Zeit kann es passieren, dass wir uns so an die Farben gewöhnt haben, dass andere Farben eines sonst völlig gleichwertigen Produkts als Mangelerscheinung oder Defizit bewertet werden. Wir selbst halten ein Lebensmittel nur dann für gesund und appetitlich, wenn es in Geschmack, Form, Konsistenz, Geruch und eben Farbe unseren Erwartungen entspricht.

Legendär ist in diesem Zusammenhang der Misserfolg von »Crystal Pepsi«. Mit diesem klaren Softdrink sollte die »neue Nachfrage nach Reinheit« befriedigt werden. Die Verbraucher erwarteten jedoch von einem Produkt mit dem Namen Pepsi, dass es auch wie Pepsi aussah. Nicht einmal ein Jahr später stellte Pepsi die Produktion von »Crystal Pepsi« ein und brachte einen Nachfolger mit dem Namen »Crystal« in die Regale. Die Negativassoziationen hielten sich jedoch hartnäckig – Crystal Nummer zwei setzte sich noch weniger durch als sein unbeliebter Vorgänger.

Der zweite Grund für die Irradiation durch Farbe ist die Evolution: Bestimmte Farbvorstellungen sind rund um den Globus gleich. Beispielsweise verbinden alle Menschen mit der Farbe Grün sauer und mit Gelb und Orange süß. Zumeist handelt es sich hierbei um Farben, die in der Natur stark vertreten sind. Unsere Farbassoziationen hängen also nicht nur von unseren eigenen Erfahrungen ab, sondern auch von jahrhundertealten Überlieferungen. Assoziationen zu Farben haben sich hier im Laufe der Evolution herausgebildet.

Drittens spielt auch die Kultur eine Rolle, in der man aufwächst: Hier gibt es zwischen den einzelnen Kulturen erhebliche Unterschiede in den Vorstellungen. In unserem Kulturkreis etwa ist

Schwarz die Farbe der Trauer, in Asien hingegen ist es Weiß. In diesem Zusammenhang erlitt der McDonald's-Konzern vor einiger Zeit mit einer Werbekampagne in Japan Schiffbruch. Grund dafür war das Maskottchen des Konzerns, der Clown Ronald McDonald, welcher üblicherweise mit einem weiß geschminkten Gesicht auftritt. In Japan ist ein weiß geschminktes Gesicht bei Männern und Kindern aber ein Symbol für den Tod.

Was wir mit Farben verbinden, ist zum Teil durch eigene Erfahrungen, zum Teil durch die Evolution in Form überlieferter Erfahrungen und zum Teil durch unser kulturelles Umfeld festgelegt.

Warum Rot scharf schmeckt und Grau schlecht riecht

Der bekannte Farbforscher Heinrich Frieling hat sich intensiv mit dem Phänomen auseinandergesetzt, welche Geschmacks- und Geruchsassoziationen Farben bei uns hervorrufen. In der folgenden Tabelle sind seine Erkenntnisse zusammengefasst.[43]

Farbe	Tastsinn	Geschmack	Geruch
Rosa	fein, zart, sehr weich		süßlich, mild
Lila	samtig	süßlich, herb	süßlich, unerotisch
Violett	samtig	bitter, veilchenblau (besoffen)	schwer, schwül, narkotisch, betäubend, süß, duftend
Indigo	samtig	herb-bitter	geruchlos
Blau	glatt bis unantastbar hell: wirkt weich	neutral	geruchlos
Türkis	glatt, wässrig	saftig-frisch bis salzig	
Grün	glatt bis feucht dunkel: wirkt hart	frisch, herb, bitter, kühl, sauer-saftig	frisch, duftend, Parfum (grüne Duftnote)
Oliv		ölig	faulig
Gelbgrün	trocken	sauer, herb, erfrischend, bitter	
Gelb	glatt, lichthaft weich, besonders wenn es ins Rötliche geht	grünlich: sauer rötlich: süß	Parfum, Blumenduft
Orange	trocken, flammig	herzhaft	
Rot	fest dunkel: wirkt rau	süß, kräftig, scharf, würzig, knusprig	

Gold	glatt, seidig	süß, gut, atemberaubend	
Ocker	sandig, bröckelig	säuerlich, neutral	
Braun	trocken, brockig, schlammig	bratig, knusprig, herb	Aroma, modrig, muffig, Fäkalien
Weiß		mild, salzig	geruchlos
Grau			schlechter Geruch

Folglich wird man im Supermarkt wohl kaum auf eine rosa oder violette Chips-Packung stoßen. Und haben Sie schon einmal eine Seife in brauner Verpackung gesehen? Ein solches Reinigungsprodukt würden die meisten von uns wohl weniger mit Hygiene und gutem Duft und mehr mit Fäkalien, Morast und fauligem Geruch in Verbindung bringen.

Das Auge kauft mit!

Da wir viele Produkte im Supermarkt nicht testen oder ausprobieren können, ist für die Auswahl von Artikeln vor allem deren Aussehen entscheidend. Von der Optik schließen wir auf Qualität, Geschmack, Verträglichkeit, Bekömmlichkeit und Frische. Wir lassen uns unbewusst von Farben lenken, und Anbieter beeinflussen damit unsere Kaufentscheidungen.

Sie nutzen Lebensmittelfarben, um über einen längeren Zeitraum hinweg eine gleichbleibende Farbe zu erreichen. Auch bei Farbverlusten können die Farbstoffe helfen: So werden Produkte aufgepeppt, um die bei Verarbeitung und Lagerung verloren gegangene Farbe wiederherzustellen. Salate beispielsweise verlieren mit zunehmender Lagerdauer die grüne Farbe. Damit sie dem Verbraucher weiterhin attraktiv erscheinen, werden sie grün nachgefärbt. So lassen sich Lebensmittel mit niedriger Qualität durch Lebensmittelfarben aufwerten. Farben werden auch eingesetzt, um den Geschmack, den ein bestimmtes Lebensmittel vermitteln sollte, erkennbar zu machen und zu unterstreichen.

Sie können auch dazu dienen, uns an ein bestimmtes Aussehen von Produkten zu gewöhnen. Unsere Kaufentscheidung wird auf diese Weise nachhaltig geprägt. Völlig gleichwertige Produkte, die nicht über diese Farbe verfügen, werden als minderwertig einge-stuft. Außerdem helfen Lebensmittelfarben bei der Farbkorrektur von Produkten, die durch andere Inhaltsstoffe einen schwächeren Farbton aufweisen, als es die Verbraucher erwarten. Die vorhande-ne Farbe wird intensiviert, um den Qualitätsanspruch zu erhöhen. In vielen Buttersorten ist beispielsweise Karotin beigemischt, da-mit die Butter leuchtend gelb erscheint.

Anbieter nutzen Lebensmittelfarbstoffe, um ihre Produkte besser aussehen zu lassen bzw. unseren Blick überhaupt erst auf diese zu lenken. Damit besteht die Gefahr, dass Lebensmittelfarben eine bessere Qualität oder einen besseren Geschmack vortäuschen.

Make-up für Gummibärchen

Verliert ein Lebensmittel durch seine Zubereitung an Farbe und damit auch an Attraktivität, wird es häufig nachgefärbt. Im Falle von Gummibärchen etwa wird die Gelatine farblich aufgepeppt, da sie sonst wenig ansprechend aussieht. Um den Kunden zu ver-führen, werden die Gummibärchen mit einem Make-up versehen, die ihrer Geschmacksrichtung entsprechen soll.

Nicht nur die Bio-, sondern auch viele der traditionellen Hersteller verzichten bei Gummibärchen mittlerweile auf künstliche Inhaltsstoffe. Deshalb ist die Auswahl an Farben und Geschmacksrichtungen eingeschränkt. Beispielsweise gibt es keine blauen Gummibärchen, da sich keine Pflanzen oder Früchte finden, aus denen ein natürlicher blauer Farbstoff gewonnen werden kann. Mit natürlichen Fruchtextrakten können die Bären in Grün, Gelb, Weiß, Orange, Dunkelrot, neuerdings auch noch in Hellrot hergestellt werden. Grün steht für die Geschmacksrichtung Apfel, Gelb für Zitrone, Weiß für Ananas, Orange für Orange, Hellrot für Erdbeere und Dunkelrot für Himbeere. Apfel ist erst seit Kurzem als neue Geschmacksrichtung auf dem Markt. Früher haben die grünen Gummibärchen nach Erdbeeren geschmeckt.

Einen großen Meinungsstreit gibt es bei der Frage, ob Verbraucher mit verbundenen Augen Geschmacksunterschiede zwischen Gummibärchen feststellen können. Machen Sie doch hierzu mal einen Selbstversuch: Setzen Sie sich mit Ihrer Familie, mit Freunden oder Bekannten an einen Tisch. Nunmehr soll die Farbe der Gummibärchen bei der Verkostung mit verbundenen Augen erraten werden. Eigentlich dürfte es nicht funktionieren, weil alle Gummibärchen dieselbe Rezeptur haben, aber manche können es doch auch herausfinden …

Farben von Speisen wecken nachweislich den Appetit oder rufen bestimmte positive oder negative Assoziationen bei uns hervor. Werden bekannte Lebensmittel anders eingefärbt, lässt der Appetit darauf bei den meisten Menschen nach. Dies zeigt sich beispielsweise bei Versuchen mit rot eingefärbtem Kartoffelbrei.

Die Laus im Aperitif

Grundsätzlich gibt es vier Arten von Lebensmittelfarben: [44]

– Färbende Lebensmittel (Spinat, Rote Beete, Karotten, Tintenfisch). Sie können allerdings den Geschmack der Lebensmittel beeinträchtigen.

– Natürliche/naturidentische Stoffe (Extrakte aus Tieren und Pflanzen): Beispielsweise gibt es mit der Tinte von Tintenfischen eingefärbte Spaghetti.

– Synthetische organische Farbstoffe

– Anorganische Pigmentfarbstoffe

Nur wenige Lebensmittelfarbstoffe haben einen pflanzlichen Ursprung. Hierzu zählen Betanonin und Chlorophyll.

Und einige Produkte enthalten Farbstoffe tierischen Ursprungs. So findet beispielsweise die Cochenille, eine Art Laus, aufgrund der Intensität ihrer roten Farbe Verwendung bei Getränken (z. B. Campari), Süßwaren (Weingummis) und Lippenstiften. Die Cochenille lebt auf Distelarten und Kakteen. Nur das weibliche Tier wird für die Gewinnung des Farbstoffs genutzt.
Die Tiere werden kurz nach dem Schlüpfen mit Essigwasser getötet und anschließend getrocknet. Bereits jetzt kann man mit den Läusen färben. Es ist jedoch auch möglich, den Farbstoff aus der Laus durch Extraktion zu isolieren. Zu diesem Zweck wird die Cochenille in Wasser gekocht und abfiltriert, das Filtrat nun mit Schwefelsäure versetzt und schließlich mit Methanol gereinigt.

Wie Hersteller Lebensmittelfarben einsetzen

Befragt man 100 Personen nach ihrer Lieblingsfarbe, nennen die meisten Blau (38 %), gefolgt von Grün (12 %), Schwarz (8 %), Rosa (5 %), Gelb (5 %), Weiß (3 %) Violett (3 %), Gold (2 %), Braun (2 %) und Grau (1 %). Auf der Negativseite werden Braun (27 %), Orange (11 %), Violett (11 %), Rosa (9 %), Grün (9 %), Grau (9 %), Schwarz (8 %), Gelb (6 %), Gold (4 %), Rot (2 %), Silber (2 %) und Blau (2 %) angeführt.

Obwohl Blau mit deutlichem Abstand das Feld der Lieblingsfarben anführt, findet diese Farbe in der Lebensmittelindustrie kaum Anwendung. Denn Blau gilt als appetithemmend. Oder fallen Ihnen – von Pflaumen einmal abgesehen – in der Natur vorkommende blaue Nahrungsmittel ein, die Sie gerne verzehren würden?

Ein Blick in die Obst- und Gemüseabteilung reicht aus, um festzustellen, dass es mehr rote, grüne und gelbe Lebensmittel als blaue gibt.[45]

Blau wirkt auf uns appetithemmend.

Werfen wir einen genaueren Blick auf Farben und deren Einsatz auf Verpackungen sowie beim Färben von Lebensmitteln. Weißer Packungshintergrund wirkt sachlich und wenig aufwendig. Deshalb bedienen sich die Gattungsmarken dieses Gestaltungsmittels. Gattungsmarken (auch »Weiße Marken« genannt) sind markenlose Produkte und gelten im Gegensatz zu Herstellermarken als Spezialform der Handelsmarke.

Gattungsmarken, eine Sonderform der Handelsmarke, setzen bewusst auf die Farbe Weiß, um uns Kosten- und damit Preisgünstigkeit zu vermitteln.

Reinigungs- und Hygieneprodukte werden bevorzugt in **Weiß-Blau** gekleidet. Diese Farbkombination repräsentiert Sauberkeit und Reinheit. NIVEA und Tempo bedienen sich seit über einem Jahrhundert dieser Farbkombination. Ein weißer Packungshintergrund flankiert von Pastelltönen (zartes Rosa, Türkis oder Hellblau) deutet auf besonders milde, sanfte und pflegende Produkte hin.

Gelb wird auf der Geschmacksebene mit leicht und sauer assoziiert. Es ist die Farbe mit der größten Signalwirkung. Sie strahlt positive Energie aus und erregt hohe Aufmerksamkeit. Gelb ist im Lebensmittelbereich die Farbe für reife Früchte und wogende Getreideähren. Deshalb setzen nahezu alle Teigwaren-, Butter- und Margarinehersteller goldgelbe Farben in Werbung, auf Verpackung sowie bei den Produkten ein. Und speziell Zitronengelb wird gerne bei zitronenfrischen Reinigungsprodukten sowie bei Süßigkeiten eingesetzt.

Orange wirkt warm auf uns und signalisiert Herzhaftigkeit. Orange dient bei Lebensmitteln zur Kommunikation von Reife. Orangenfarbene Produkte vermitteln Wärme und Herzlichkeit.

Rot verbinden wir mit süß, kräftig, scharf und würzig. Im Verpackungsdesign finden wir Rot bei süßen, aber auch bei scharfen und würzigen Produkten. Rot regt den Appetit an. Rot weckt unsere Aufmerksamkeit und wird deshalb häufig zum Hinweis auf Sonderangebote verwendet. Diese Farbe unterstreicht die Unwiderstehlichkeit und Kraft eines Produkts. Sie vermittelt kraftvolle Gesundheit, Energie, Zuversicht und Leistungsfähigkeit. Rot wird auch eingesetzt, um Assoziationen zu erotischen Reizen zu wecken (rote Lippen, rote Autos).

Rosa weckt Geschmacksassoziationen zu leicht und süßlich-mild. Rosa finden wir bei Körper- und Babypflegeprodukten, sanften Waschmitteln (Weichspülern) und sanften Medikamenten. Auch in der Kosmetik weisen diese Farbtöne auf besonders milde und sanfte Mittel hin. Weiterhin verbinden wir mit Rosa Unterwäsche, Frühlingsblüten, Ballett und Kosmetik.

Mit der Farbe **Lila** waren einst Assoziationen zu Kirche und zur Emanzipationsbewegung verknüpft. Doch seit ihrer Geburt im Jahr 1901 begleitet Lila die Marke Milka. Und diese Farbe wurde mehr und mehr zum Schlüsselreiz für Schokolade. Mittlerweile ist jeder lila Farbtupfer imstande, in uns Vorstellungen und Lust auf Süßes hervorzurufen.

Blau weckt in uns Vorstellungen von Kälte, Frische, Reinheit und Geruchlosigkeit. Bei Tiefkühlprodukten dominieren konsequenterweise Verpackungen in Blau-Weiß (kalt, frisch und rein). Auch Milchprodukte betonen ihre Frische durch blaue Etiketten. Erfrischungsbonbons werden meist in Blau gestaltet und gefärbt, um Kühle und Frische zu vermitteln. Herausragendes Beispiel ist hier WICK-Blau. Auch Zuckerverpackungen sind meist in Blau gehalten, hier verbinden wir Blau mit süß.

Grün steht für kühl und sauer-saftig. Grün wird mit Natur und Gesundheit in Verbindung gebracht. Deshalb wird die Farbe Grün im Lebensmittelbereich insbesondere für ökologische Produkte verwendet. Auch im Reinigungsbereich finden wir bei umweltverträglichen Produkten Grün. Exemplarisch hierfür stehen die Frosch-Produkte der Firma Erdal. Waschmittelverpackungen werden bevorzugt in Grün und Rot gestaltet. Grün unterstreicht die Umweltfreundlichkeit, Rot suggeriert die Kraft des Produkts.

Braun assoziieren wir mit muffig und nach Gebratenem schmeckend. Braun findet sich in erster Linie bei Tabak, Kaffee und Leder. Hier soll Braun vollen Geschmack, kraftvolle Ausgereiftheit, Volumen und solide Herkunft vermitteln.

Schwarz: Bei Gewichtsschätzungen werden Produkte in schwarzen Verpackungen nahezu doppelt so schwer eingestuft als weiße. Bei gleicher Größe und Gewicht suggeriert uns eine dunkle Packung einen gewichtigen, wertvollen, kompakten und konzentrierten Inhalt. Teure Produkte werden deshalb gerne in Schwarz gepackt. Verstärkt wird die Wertigkeit in der Kombination mit Gold und Silber. Auch in Bereichen, in denen Mogelpackungen eingesetzt wurden, um mehr Inhalt vorzugaukeln, wird heutzutage viel mit schwarzen Verpackungen gearbeitet. Dies ist etwa bei teuren Kosmetika der Fall.

Gold steht für Wertigkeit und Exklusivität eines Produkts. Goldfarbene Verpackungen bei Kosmetik, Süßwaren und Getränken liegen im Regelfall preislich höher als Konkurrenzprodukte. Holländische Markenbutter wurde Mitte der 90er-Jahre zum Marktführer. Ein Grund hierfür war sicherlich die goldfarbene Verpackung, bei der es bis heute geblieben ist.

Silber steht – insbesondere in der Kombination mit Schwarz – für qualitativ hochwertig, edel, kostbar und elegant. Ähnlich wie goldfarbene Produkte sollen in Silber verpackte Waren Qualität, Eleganz und Kostbarkeit vermitteln. Dies soll jedoch etwas ruhiger, zurückhaltender und mit einem gewissen Understatement geschehen.

Bei Lebensmitteln finden sich viele warme Farben. Denn beim Anblick von Gelb, Orange und Rot bekommen wir Appetit. Und Gelb/ Grün kann unsere Geschmacksnerven so anregen, dass uns das Wasser im Munde zusammenläuft. Sicher ist es kein Zufall, dass sich diese Farben auf den Verpackungen von zahlreichen Lebensmitteln finden.

Bei Hygiene und Reinigung dominieren kühle bis kalte Farben: Grün, Weiß und Blau. Diese Farben verbinden die meisten von uns mit Frische und Sauberkeit.

Hochwertige Waren werden häufig in Schwarz gehalten. Die Kombination mit Gold oder Silber unterstreicht die Exklusivität.

Keine Regel ohne Ausnahme

Mit der Einführung von Green Ketchup stellte Heinz sämtliche Regeln der Farbpsychologie auf den Kopf. Ein giftgrüner Ketchup – das hatte die Welt noch nicht gesehen. Als Green Ketchup auf dem deutschen Markt in der 300-ml-Squeeze-Flasche im August 2001 zunächst in limitierter Auflage zu einem Preis von 3,49 DM eingeführt wurde, war die neueste Markenerfindung des Kult-Ketchup-Machers in den USA längst ein Renner und wurde auf alles geschüttet, was Kids gerne essen: Pommes frites, Hamburger, Fleisch, Hotdogs, Teigwaren, Fisch und, und, und.

Auch in Deutschland wurde der giftgrüne Pommes-Weichmacher zum Kids-Kult. Wie die Pressestelle von Heinz mitteilte, können »besorgte Mütter« beruhigt sein. Denn für die grüne Farbe seien in der Europäischen Union zugelassene Lebensmittelfarben verantwortlich, wie sie auch in Softdrinks, Eis oder Desserts verwendet werden. Der grüne Ketchup schmeckt übrigens genauso wie sein roter Bruder. Am Geschmack kann es folglich nicht liegen, dass Green auch hierzulande zum Kult-Produkt avancierte.

Farben im Verkaufsraum

Marketingtreibende setzen Farben nicht nur gezielt auf Verpackungen und in Produkten ein, sondern auch bei der Gestaltung von Verkaufsräumen. In der Fischabteilung sorgt kühl-blaues Licht moderner Halogendampflampen dafür, dass die Meerestiere fangfrisch aussehen und schön schimmern. Am Weinregal versetzt rötliches Licht den Kunden in entspannte Abendstimmung. Rot- und Gelblicht sorgen dafür, dass Wurst und Käse gut aussehen.

Einige Farben beruhigen uns, andere wirken belebend, und wieder andere stoßen uns ab. Intensive bunte Farben wecken unsere Aufmerksamkeit, wohingegen schwache Farben uns kaum anlocken. Gewisse Farben motivieren uns zum Verweilen. Und visuelle Reize können uns in eine positive Stimmung versetzen. Beides schlägt sich normalerweise negativ in unserem Portemonnaie nieder.

Die Farbspezialisten Grundmann und Wiedemann sind der Frage nachgegangen, wie Farben im Verkaufsraum wirken. Hierzu eine kurze Übersicht über den Aussagewert von Farben:

Gelb sowie **Orange** sind weit sichtbar und lassen Räume größer erscheinen.

Rot gilt als Symbol der Liebe, vermittelt Erotik und wirkt außerdem belebend. Andere Farben kommen daneben kaum zur Geltung und verblassen geradezu. Nicht ohne Grund werden Sonderangebote und Preissenkungen rot markiert.

Grün ist das Zeichen der Hoffnung. Die Farbe erinnert an Natur und wirkt beruhigend, aber auch erfrischend. Nicht ganz zufällig liegen Obst und Gemüse gut sortiert und appetitlich vor Spiegeln und werden mit farbigem Licht angestrahlt. So sieht alles verlockend frisch und knackig aus. Laut Gesetzgeber ist das keine Täuschung. Und Grünpflanzen werden deshalb im Eingangsbereich von Supermärkten eingesetzt, da sie dem Raum einen freundlicheren Charakter verleihen. Die Geschäftsräume sehen einladend aus.

Braun wirkt auf uns ruhig und ausgleichend. In diesen Bereichen kann man sich erholen.

Weiß stimmt uns freundlich und wirkt rein. Kleine Bereiche lassen sich mittels dieser Farbe optisch vergrößern. In diesem Zusammenhang spielt Licht eine sehr große Rolle – denn richtig angestrahlt, sieht alles gleich viel besser aus. Bis zu 40 Prozent der gesamten Kosten für die Ladeneinrichtung geben Geschäftsinhaber für die richtigen Beleuchtungsmittel aus.

Blau gilt als Symbol der Freiheit. Die Farbe eignet sich als Hintergrund für helle Waren, da sie davor sehr plastisch erscheinen. Da Insekten blau meiden, empfiehlt sich Blau als Hintergrund von Lebensmittelpräsentationen.

Violett wirkt mysteriös und unruhig. Diese Farbe eignet sich nicht für die Präsentation von Alltagsprodukten.

Schwarz erinnert an das Böse und den Tod. Große schwarze Flächen wirken trostlos und erdrückend. Der Kunde möchte solche Bereiche möglichst schnell verlassen oder meidet sie ganz. Deshalb eignet sich Schwarz für die Ausgestaltung von Verkaufsräumen grundsätzlich nicht.

Warme Farben wie Orange oder Gelb wirken auf uns aktivierend und fördern unsere Kaufbereitschaft.

Rot gilt meist als aggressiv. Mit dieser Farbe gehen Anbieter sparsam um und nutzen sie insbesondere dazu, auf (vermeintlich?) besondere Angebote hinzuweisen.

Grün, Braun und Weiß wirken auf uns entspannend und schaffen eine erholsame Atmosphäre.

Blau wirkt belebend und befreiend. Schwarz und Violett hingegen machen uns traurig und unruhig.

Ins rechte Licht gesetzt

Wenn wir etwas sehen, sind viele Regionen in unserem Gehirn aktiv. Farbe, Form, Tiefe und Bewegungen werden wahrgenommen und verarbeitet. Dabei gehen wir aktiv vor: Wir suchen selbst aus, was wir sehen möchten. Deshalb sind Farbe und Licht wichtig – auch im Handel.

In der Obst- und Gemüseabteilung sorgt spezielles Licht dafür, dass die frischen Naturprodukte schmackhaft aussehen. Halogenspots setzen die Kleidung im Kaufhaus gut in Szene. Besonders gut gefällt uns Kunden aber immer noch das Tageslicht. Kein Wunder, dass im Handel oft mit großen Fensterscheiben und Glasdächern gebaut wird.

Nicht nur die Lichteffekte als solche, sondern auch die richtige Farbtönung bringt uns Kunden in die richtige Einkaufsstimmung. Dabei gibt es durchaus Unterschiede zwischen den Kontinenten: Während europäische Kunden warme Farben wie Orange oder Gelb lieben, bevorzugen Asiaten eine weiß-bläuliche Lichtatmosphäre.

Auch beim Lichtkontrast kommt es auf das richtige Maß an: Ist er zu stark, wirkt die Produktpräsentation zu hart und wenig einladend. Bei zu wenig Kontrast hingegen können die Produkte nicht voneinander unterschieden werden.

Zahlreiche verschiedene Lichteffekte verführen uns dazu, länger im Geschäft zu verweilen und damit mehr einzukaufen.

Zum Schluss: Nicht festlegen!

Supermarktbetreiber verfügen über ein nahezu unerschöpfliches Repertoire an Marketinginstrumenten, die alle nur ein Ziel haben: Wir sollen mehr einkaufen, als wir eigentlich wollen. Doch ganz so einfach lassen wir uns auch nicht fernsteuern. Wenn wir feststellen, dass wir manipuliert werden, verlassen wir genervt den Supermarkt, ohne viel Ware eingekauft zu haben. Werden wir durch viele Einkaufstricks aufgehalten, beginnen wir, uns über Stolperfallen und Zeitdiebe zu ärgern. Wenn wir auf Dauer Waren kaufen, die wir gar nicht brauchen oder die zu Hause verderben, fragen wir uns auf kurz oder lang, wie es dazu kommen konnte und wie wir dem zukünftig entgegensteuern können.

Auf diese Karte setzen erfolgreiche Discounter. Sie verzichten bewusst und weitgehend auf Shopping-Fallen und Marketing-Firlefanz, damit wir effizient und kostengünstig einkaufen können. Und jetzt liegt die Entscheidung wieder bei Ihnen, lieber Leser: Wollen Sie sich beim Shopping verführen lassen, was bekanntlich nicht nur beim Liebesspiel Spaß machen kann? Oder stehen Sie mehr auf eine Vernunftehe, bei der Einkaufen unter rein rationalen und ökonomischen Gesichtspunkten, aber ohne Gefühl und Spaß abzulaufen hat?

Wie immer im wirklichen Leben gibt es nicht nur Ja oder Nein, Schwarz oder Weiß, sondern das Optimum liegt irgendwo in der Mitte. Zufrieden werden wir am ehesten dann, wenn wir uns hybride, also wechselhaft, verhalten. Marketingexperten haben in diesem Zusammenhang das Bild von der Nerzmantel tragenden Porsche-Fahrerin entworfen, die bei ALDI einkauft.

Oder etwas realistischer: Beim Kauf einer Flasche Wein bereitet es dem Weinliebhaber Vergnügen, wenn er eine große Auswahl hat und all seine Sinne – etwa durch Probeverkostung, eine schön gestaltete Flasche und passende Hintergrundmusik – angesprochen werden. In solchen Fällen rückt der Preis in den Hintergrund und es macht Spaß, sich verführen zu lassen und sich auch mal etwas Nicht-Alltägliches zu gönnen.

Anders liegt der Fall für den Weinliebhaber beim Kauf von Toilettenpapier, Haushaltsreinigern, Müllbeuteln, Butter, Mehl und Äpfeln. Bei solchen Produkten steht für ihn eindeutig das Preis-Leistungs-Verhältnis im Vordergrund. Aspekte wie Prestige, Genuss oder Selbstverwirklichung spielen hier überhaupt keine Rolle. Und schnell soll der Einkauf solcher Artikel auch noch gehen.

Im Gegensatz zu unserem Weinliebhaber ist für die Frau, die in ihrer Freizeit leidenschaftlich gerne backt, die Qualität des Mehls und der Äpfel sehr wichtig. Hier vergleicht sie die Produkte und gibt bewusst viel Geld aus, indem sie Äpfel aus ökologischem Landbau und teures Dinkelmehl mit besonderem Geschmack und guten Backeigenschaften kauft. Umgekehrt ist es beim Wein: Da sie nur selten Alkohol trinkt, reicht ihr hier ein günstiger Wein aus einem Qualitätsanbaugebiet.

Also: Seien Sie hybride. Sparen Sie nicht um des Sparens willen, sondern geben Sie Ihr Geld für das aus, was Ihnen wirklich wichtig ist. Überlegen Sie sich gut, worauf es Ihnen bei einem Artikel ankommt. Geht es nur um den Grundnutzen, probieren Sie doch mal die günstigen Alternativen. Bewusst getroffene Kaufentscheidungen sind Ihre persönliche Unabhängigkeitserklärung. Da jeder von uns einmalig ist, wird es Unternehmen dann auch sehr schwerfallen, Sie mit einem Standardinstrumentarium fernzusteuern. So werden Sie zum souveränen Verbraucher, der den Unternehmen auf Augenhöhe begegnet. Und dann haben Sie es in leichter Abwandlung des Slogans einer bekannten Möbelhauskette aus dem Land der Elche geschafft: Sie kaufen nicht mehr, sondern Sie leben schon!

Glossar

AIDA-Modell: Produkte und Werbung sind dann erfolgreich, wenn sie folgende Vorgänge nacheinander beim Betrachter auslösen: Attention (= Aufmerksamkeit erregen), Interest (= Interesse des Betrachters wecken), Desire (= Bedürfnis wecken, das beworbene Angebot kennenzulernen bzw. zu besitzen), Action (erreichen, dass der Betrachter das angebotene Produkt kauft).

Blickaufzeichnung (Eye-Tracking): Mithilfe einer Augenkamera wird das Lese- bzw. Fernsehverhalten von Testpersonen beobachtet. Dabei werden die Blickrichtung und die Verweildauer der Augen auf einem bestimmten Punkt eines Produkts, einer Zeitungsanzeige, eines Plakates oder eines Bildschirmpunktes erfasst. Ziel dabei ist es zu ermitteln, ob der Betrachter die angebotenen Informationen überhaupt wahrnimmt und, falls ja, ob dies in der anvisierten Reihenfolge geschieht.

Bonusprogramme: Rabattsysteme, die den Kunden für seine Treue belohnen. Jedes Mal, wenn der Konsument bei einem teilnehmenden Unternehmen einkauft, erhält er eine bestimmte Anzahl von Punkten, die er dann später als Gutschrift oder in Form von Sachprämien einlösen kann. Darüber hinaus gibt es zeitlich begrenzte Sonderaktionen, bei denen den Kartenbesitzern Rabatte auf den Erwerb von (bestimmten) Produkten eingeräumt werden.

Discounter: Handelsunternehmen mit begrenztem Sortiment an Waren (zwischen 800 und 1.600 Artikel), hoher Umschlagshäufigkeit, einfacher Ladengestaltung, wenig Service und Beratung sowie aggressiver Niedrigpreispolitik. Typische Vertreter: ALDI, Lidl, Netto, Penny, Norma.

EAN (Europäische Artikelnummer): Code, der auf jedem Artikel als Strichcode angebracht ist. Lesen und Registrieren dieses Codes erfolgen mittels eines Scanners. Den auf diese Weise identifizierten Produkten werden an der Kasse dann die entsprechenden Verkaufspreise zugeordnet.

Fachgeschäft: Einzelhandelsbetrieb, der Waren einer Branche (z. B. Textilien), eines Branchenbereichs (spezielles Fachsortiment wie z. B. Sportartikel, Spirituosen, Weine) oder für eine Bedarfsgruppe (z. B. Bergsteiger, Camper) überwiegend mittlerer und hoher Qualität anbietet. Typisch ist die qualifizierte Beratung durch fachkundiges Personal. Es überwiegen kleine und mittlere Verkaufsflächen mit i. d. R. unter 1.000 m². Das Angebot wird durch verschiedene Serviceleistungen (z. B. Montageservice) ergänzt.

Fachmarkt: Ein nach Warenbereich (Ware, z. B. Bekleidungsfachmarkt, Schuhfachmarkt), Bedarfsbereich (z. B. Sportfachmarkt, Baufachmarkt) oder Zielgruppenbereich (z. B. Möbel- und Haushaltswarenfachmarkt für designorientierte Kunden) spezialisierter Einzelhandelsbetrieb, der im Regelfall ebenerdig auf größeren Verkaufsflächen (i. d. R. ab 1.000 m², Ausnahme: Drogerie-, Schuh- und Textilmärkte, die sich öfters auch in Innenstadtlagen befinden) bei tendenziell niedrigem bis mittlerem Preisniveau in übersichtlicher Präsentation ein breites und oft auch tiefes

Sortiment anbietet. Typische Vertreter sind Schlecker, dm, Rossmann, Müller, Ihr Platz, Media Markt, Saturn, OBI, Praktiker, Bauhaus, Hornbach, Toom, Hagebau, Auto-Teile-Unger und TOYS"R"US.

Factory-Outlet-Center: Spezielle Form eines Einkaufszentrums, in dem Geschäfte angesiedelt sind, die von Herstellern geführt werden und dementsprechend jeweils nur eine Marke führen. FOCs finden sich im Regelfall »auf der grünen Wiese«. Typischerweise gibt es Geschäfte aus den Branchen Mode/Textilien, Lederwaren, Schuhe, Accessoires und Schmuck. Im Wesentlichen werden Zweite-Wahl-Artikel, Produktionsüberhänge, Auslaufmodelle oder Musterkollektionen mit deutlichen Preisreduktionen angeboten. Die Ursprünge liegen in der preisreduzierten Abgabe von Produkten direkt an den Produktionsstätten, den sogenannten Factorys. In Deutschland wuchs das erste Factory-Outlet-Center im schwäbischen Metzingen heran: Verkaufte dort anfänglich nur Hugo Boss seine Markenwaren direkt und damit unter Umgehung des Handels mit hohen Rabatten an Endverbraucher, hat sich dort mittlerweile eine Vielzahl unterschiedlicher Unternehmen angesiedelt.

Fertigpackungsverordnung: Schreibt für bestimmte Warengruppen bestimmte Füllmengen vor. Im April 2009 gab der Gesetzgeber in Deutschland die Füllmengen für insgesamt acht Warengruppen frei. Dies versetzt beispielsweise einen Schokoladenhersteller nunmehr in die Lage, von der bislang gesetzlich festgeschriebenen 100-g-Tafel auf eine 95-g-Packung umzusteigen und damit bei gleichem Preis indirekt die Preise zu erhöhen.

Gebrochene Preise: Preise, die knapp unterhalb runder Beträge angesiedelt sind. Beispielsweise nehmen Verbraucher einen Preis von 3,99 € deutlich günstiger wahr als einen solchen von 4,00 €, obwohl es sich tatsächlich im Verhältnis zum Gesamtpreis um eine nahezu lächerliche Preisdifferenz handelt. Um Informationen schneller verarbeiten zu können, konzentrieren wir uns auf die erste uns dargebotene Information. Bei einem Preis von 3,99 € ist das die 3, sodass wir den Preis dieser Kategorie zuordnen. Was dahinter kommt, blenden wir quasi aus. Und genauso wird es mit dem Preis von 4,00 € gemacht.

Grundpreis: In der Grundpreisverordnung, die Bestandteil der deutschen Preisangabenverordnung ist, werden Preise gesetzlich verankert. Zur Vergleichbarkeit der Preise ist gesetzlich grundsätzlich die Angabe des Kilo- oder 100 g-Preises bzw. Liter- oder 100 Milliliter-Preises im Einzelhandel vorgeschrieben.

Halo-Effekt: Ein bereits gefälltes Urteil strahlt auf sämtliche Eigenschaften eines Gegenstandes aus. Beispiel: Ein Unternehmen ist preisgünstig, also werden sämtliche Produkte des Unternehmens als preiswert wahrgenommen. Im Marketing wird der Begriff »Halo-Effekt« auch für die Beeinflussung der Wahrnehmung beim schrittweisen Konsum verwandter Produkte verwendet. Bewerten wir z. B. ein Produkt einer Markenfamilie positiv, nehmen wir auch die anderen Produkte dieser Markenfamilie positiver wahr.

Handelsmarke (auch Eigen- und Hausmarke): Produkte, die von Handelsunternehmen konzipiert und gesteuert werden. Konsequenterweise gibt es Handelsmarken nur beim jeweiligen Handelsunternehmen. Typische Vertreter von Handelsmarken sind Tandil (ALDI Süd), Mibell (EDEKA), AS (Schlecker), Tip (Real, Extra), Aro (Metro Cash & Carry) und Erlenhof (REWE). Das Spektrum der Handelsmarken reicht von der Premium-Handelsmarke (z. B. »Gourmet« von ALDI Süd, »Feine Welt« von REWE, »Feine Kost« von Penny oder »Selection« von EDEKA) über die klassische Handelsmarke bis zur Discount-Handelsmarke, die im Niedrigpreis-Bereich angesiedelt ist.

Heuristik: Vereinfachende Entscheidungsregeln, mit denen man in der Vergangenheit gute Erfahrungen gemacht hat. Beispielsweise bevorzugen bestimmte Konsumenten grundsätzlich eine bestimmte Preislage, weil sie vom Preis für ein Produkt auf dessen Qualität schließen (»Qualität hat ihren Preis«). Gigerenzer/Todd (1999) definieren eine Heuristik als »die Kunst, mit begrenztem Wissen und wenig Zeit zu guten Lösungen zu kommen«.

Homo oeconomicus: Der Superman der Ökonomie, der sich durch folgende realitätsferne Eigenschaften auszeichnet: Völlig zweckrationales Handeln ohne jegliche Emotion; Gewinn- und Nutzenmaximierung; weiß alles; reagiert unendlich schnell auf beispielsweise Preisänderungen.

Hybrides Käuferverhalten: Immer mehr Verbraucher wechseln ihr Kaufverhalten situativ, indem sie bei Gütern des täglichen Bedarfs nach dem günstigsten Preis suchen, um hierdurch ihren Geldbeutel zugunsten von ihnen wichtigen Produkten zu entlasten. Ein in diesem Zusammenhang immer wieder angeführtes Beispiel ist die Nerzmantel tragende Porsche-Fahrerin, die bei ALDI einkauft.

Information Overload: Informationsüberlastung des Konsumenten durch das stetig zunehmende Angebot an Informationen (Werbung, Produkte etc.).

Irradiationseffekt: Hierbei wird die Wahrnehmung dahingehend verzerrt, dass eine Eigenschaft (z. B. die Farbe eines Lebensmittels) auf eine andere Eigenschaft des Produkts (z. B. den vermuteten Geschmack) ausstrahlt.

Irreführende Werbung: Werbung als vermeintlich redaktioneller Beitrag; Werbegeschenke und Warenproben, deren Wert, Intensität und Werbewirksamkeit die Kaufentscheidung dominieren; Lockvogelangebote, die über das gesamte Angebot täuschen. Auch Mondpreise fallen in Deutschland unter die Rubrik irreführende Werbung und sind daher wettbewerbswidrig. Mondpreise z. B. bei einem Räumungsverkauf liegen vor, wenn der alte Preis nicht drei Monate ernsthaft gefordert wurde.

Kaufentscheidung: Grundsätzlich lassen sich extensive (lange und intensive Entscheidungsfindung), limitierte (begrenzte Informationsbeschaffung), habituelle (gewohnheitsmäßig getroffene Auswahl) und impulsive Kaufentscheidungen (Spontanhandlungen) unterscheiden.

Kaufhaus: Größerer Einzelhandelsbetrieb (ab 1.000 m² Verkaufsfläche), der – zumeist Bedienungs- und Selbstbedienungsprinzip kombinierend – Waren aus einer oder wenigen Branchen, davon wenigstens aus einer Branche in tiefer Gliederung, anbietet. Am stärksten verbreitet sind Textil- und Bekleidungskaufhäuser. Typische Vertreter sind C&A, H&M sowie SinnLeffers.

Kaufkraft: Geldmenge, die den privaten Haushalten innerhalb eines bestimmten Zeitraumes zur Verfügung steht. Die Kaufkraft setzt sich zusammen aus dem verfügbaren Nettoeinkommen zuzüglich der Entnahmen aus Ersparnissen (einschließlich des in Geldvermögen umgewandelten Sachvermögens) und aufgenommener Kredite abzüglich der Bildung von Ersparnissen und der Tilgung von Schulden. Die einzelhandelsrelevante Kaufkraft, d. h. das Geld, das für Ausgaben im Einzelhandel potenziell zur Verfügung steht, berechnet sich aus der Kaufkraft abzüglich der Aufwendungen für Wohnen, Versicherungen und private Altersvorsorge sowie der Ausgaben für Kraftfahrzeuge, Brennstoffe und Reparaturen.

Konsumpatriotismus: Erwerb von Produkten, die aus dem eigenen regionalen bzw. nationalen Umfeld stammen, was sich beispielsweise im Trend zur Ostalgie oder im Kaufverhalten der Schweizer niederschlägt.

Kontrasteffekt: Individuen neigen im Falle von Abweichungen zum Bezugspunkt dazu, diese sogar noch zu vergrößern (»aus einer Mücke einen Elefanten machen«). Beispielsweise tendieren Konsumenten bei einer Wartezeit an der Kasse von mehr als 90 Sekunden dazu, diese zu kontrastieren, d. h. die subjektiv wahrgenommene übersteigt die reale Wartezeit.

Kundenkarte: Karten, die eine Person als Kunde identifizieren; enthalten meist einen Magnetstreifen mit hinterlegten Kundendaten (z. B. Name, Adresse, Geburtsdatum bis hin zu Haushaltseinkommen, Anzahl der im Haushalt lebenden Personen, deren Freizeitbeschäftigungen und Präferenzen). Unternehmen nutzen die Daten dazu, Kundenprofile zu erstellen und mit deren Hilfe das Sortiment zu optimieren sowie Streuverluste in Werbung und Verkaufsförderung zu vermeiden. Darüber hinaus werden die Daten mitunter an andere Unternehmen verkauft. Als Herausgeber von Kundenkarten kommen einzelne Handelsunternehmen, regional oder lokale Gemeinschaften von Handelsunternehmen sowie Kooperationen von verschiedenen Unternehmen (z. B. Payback, Deutschland-Card) in Betracht.

Kundenlaufstudie: Beobachtung der Kunden beim Einkaufsvorgang, ohne dass diese das bemerken. Hierbei handelt es sich um eine Beobachtung im Feld (= reales Handelsunternehmen), die in der Regel standardisiert (= anhand eines Fragebogens bzw. eines Lageplans) und persönlich (– durch einen Beobachter) durchgeführt wird. Denkbar wäre hier auch die apparative Beobachtung mittels einer Kamera. Neuerdings lassen sich Kundenlaufstudien auch auf elektronischem Wege durchführen. Hierbei wird der Kunde oder der Einkaufswagen mit einem Funkchip ausgestattet, der die Laufwege aufzeichnet.

Kundenverweildauer: durchschnittlicher Zeitraum, in dem sich ein Kunde pro Einkaufsakt in einer Einkaufsstätte befindet. Dabei wird zwischen der Verweildauer und der Anzahl der gekauften Artikel bzw. dem Einkaufsbetrag grundsätzlich ein positiver Zusammenhang unterstellt.

Lebensmittelkennzeichnung: Nach EU-Verordnung muss jedes abgepackte Milch-, Fleisch- oder Fischerzeugnis ein sogenanntes Genusstauglichkeitskennzeichen aufweisen, anhand dessen sich nachvollziehen lässt, aus welcher Produktion die Ware stammt. Das Kennzeichen setzt sich aus folgenden Komponenten zusammen:

- Angabe des Herkunftslandes (z. B. D = für Deutschland; bei Milchprodukten plus Bundeslandangabe, z. B. BW für Baden-Württemberg),
- Veterinärkontrollnummer (= Zahlenkombination des jeweiligen Betriebs; z. B. 382 = Schwarzwaldmilch GmbH, Offenburg) sowie
- Abkürzung EWG (Europäische Wirtschaftsgemeinschaft) oder EG (Europäische Gemeinschaft).

Die Kennzeichnung DBY544EWG beispielsweise bedeutet: Das Produkt wurde in Deutschland (= D) und Bayern (= BY) von der Schöller Lebensmittel GmbH & Co. KG, Nürnberg, Mövenpick (= 544) innerhalb der Europäischen Wirtschaftsgemeinschaft (= EWG) hergestellt.

Bei Fleisch und Fisch verarbeitenden Betrieben wird statt des Bundeslandes die Art des Bearbeitungsbetriebes angegeben. Folgende Abkürzungen stehen für jeweilige Betriebskennungen:

- EFB = Verarbeitungsstätten für Fischerei-Erzeugnisse
- EHK = Hackfleisch- und Fleischzubereitungen
- ESG = Geflügelschlachtbetrieb
- EUZ = Umpackbetriebe nach dem Fleisch- und Geflügelfleischhygienerecht
- WV = Fleischverarbeitungsbetriebe, auch Fettschmelzen und Darmbearbeitungsbetriebe
- EZ = Zerlegebetriebe
- EZG = Geflügelfleischzerlegungsbetriebe

Limbische Konsumententypologie: In Abhängigkeit der individuellen Bedeutung von Dominanz, Stimulanz und Balance lassen sich nach Häusel sieben Konsumtypen ausmachen: Abenteurer, Hedonisten, Genießer, Bewahrer, Disziplinierte, Performer und Zufriedene. Hinsichtlich geschlechtsspezifischer Unterschiede lässt sich feststellen, dass bei den Bewahrern und Genießern der weibliche Anteil größer ist. Bei den Hedonisten und Disziplinierten sind beide Geschlechter gleichmäßig vertreten. Bei den Performern und Abenteurern dominieren eindeutig die Männer. Mit dem Alter nimmt die Bedeutung von Dominanz und Stimulanz stark ab, während die Balance zunimmt. Hedonisten, Abenteurer und Performer sind im Durchschnitt wesentlich jünger als Genießer, Bewahrer und Disziplinierte.

Markenartikel (auch Herstellermarke): Wird vom produzierenden Unternehmen konzipiert sowie geführt. Die einheitliche Markierung (Name, Aufdruck, Symbol, Design oder eine Kombination aus diesen Merkmalen) stellt eine zentrale Eigenschaft von Markenartikeln dar. Weitere Kennzeichen sind: hohe Innovationskraft, die sich in einer klaren Unterscheidung vom Wettbewerber und einer eigenständigen Positionierung auf dem Markt niederschlägt; konstante oder im Zeitablauf verbesserte Qualität; mittlere bis gehobene Preiskategorie; für längere Zeit konstante Aufmachung; weite Verbreitung; intensive Werbung, die in einem hohen Bekanntheitsgrad beim Kunden mündet. Beispiele sind Marken wie Persil und Mars.

Der Ursprung ausgewählter Markennamen: [35]

Markenname	Ursprung
Adidas (Sportartikelhersteller)	Adolf (**Adi**) **Das**sler, der Name des Firmengründers
AEG (Elektrogeräte)	**A**llgemeine **E**lektricitäts-**G**esellschaft
AGFA (Fotofilme, Fotoapparate ...)	**A**ktien**g**esellschaft für Anilin-**Fa**brikation
Alfa Romeo (Autohersteller)	Benannt nach Nicola **Romeo**, dem Manager der **A**nonima **L**ombarda **Fa**bbrica **A**utomobili.
ARAL (Tankstellen)	**Ar**omate (Benzol) und **Al**iphate (Benzin)
Aspirin (Kopfschmerztabletten)	Der Name wurde von der Firma Bayer für »**A**cetylsalicylsäure« eingeführt. Eigentlich leitet er sich aus dem pflanzlichen Wirkstoff der Wiesen**spier**staude ab.
BASF (Chemieunternehmen)	**B**adische **A**nilin- & **S**oda**f**abrik AG
C&A (Bekleidungshaus)	**C**lemens und **A**ugust Brenninkmeijer, die Vornamen der Firmengründer
Chio (Chips und Knabberwerk)	**C**arl, **H**einz und **I**rmgard von **O**pel, die Namen der Gründerfamilie
Coca-Cola (Getränkekonzern)	Abgeleitet von den ursprünglichen Zutaten **Koka**blättern und **Cola**nüssen.
Compaq (Computerhersteller)	Steht für **Compa**tibility (Anpassungsfähigkeit) And **Q**uality (Qualität)
DEA (Tankstellen)	**D**eutsche-**E**rdöl-**A**ktiengesellschaft
Eduscho (Kaffee)	Der Firmengründer hieß **Edu**ard **Scho**pf.
Em-Eukal (Hustenbonbons)	**M**enthol und **Eukal**yptus, die Grundzutaten der Halsbonbons
Erasco (Dosensuppen)	**Eras**mi & **Co**. Conservenfabrik
ESSO (Tankstellen)	Der Mutterkonzern ist die **S**tandard **O**il Corporation, kurz S.O. – daraus wurde später Esso.
H&M (Bekleidungshaus)	Ehemals nur Frauenbekleidung. Deshalb **H**ennes, auf Deutsch: »Für Sie«. Später wurde der Jagdausstatter **M**auritz Widforss übernommen. Damit kam die Herrenmode ins Sortiment und der Name Hennes & Mauritz entstand.
H.I.S. (Jeans)	**H**enry **I**. **S**iegel, der Gründer der Firma.
Hagenuk (Telefone)	Der Name steht für die **H**anseatische **A**pparatebau**ge**sellschaft **Neu**feldt und **K**uhnke.
Hakle (Hygieneartikel)	Abgeleitet vom Namen des Gründers der Firma: **Ha**ns **Kle**nk.
Hanuta (Knuspersnack)	Die Abkürzung nimmt die Zutaten vorweg: **Ha**sel**nuss**ta**fel.
IBM (Computerhersteller)	Die Abkürzung bedeutet **I**nternational **B**usiness **M**achines.
IKEA (Möbelhaus)	Der Gründer heißt **I**ngavar **K**amprad und kam aus dem schwedischen Örtchen **E**lmtaryd **A**gunnaryd.

Labello (Lippenpflege)	Setzt sich aus dem lateinischen Wort für Lippe, »**labes**« und dem italienischen Wort für schön, »**bello**« zusammen.
Milka (Schokolade)	**Mil**ch und **Ka**kao
NUK (Babyschnuller)	NUK ist die Abkürzung für »**n**atürliche **u**nd **k**iefergerechte« Schnuller.
ODOL (Mundspülung)	Steht für das griechische Wort für Zahn, »**od**ous« und das lateinische Wort für Öl, »**ol**eum«.
OSRAM (Glühbirnen)	Die Glühfäden, die sich in den Birnen befinden, bestehen aus den zwei Metallen **Os**mium und Wolf**ram**.
Persil (Waschmittel)	Der Name leitet sich aus den beiden Grundstoffen ab: Per, wie das Bleichmittel **Per**obat, und Sil, wie **Sil**ikat.
Rowenta (Küchengeräte)	Der Firmengründer heißt **Ro**bert **Wein**traud.
SAP (Softwarefirma)	SAP steht für **S**ystem**a**nalyse und **P**rogrammentwicklung. Die Firma wurde im April 1972 von ehemaligen IBM-Deutschland-Mitarbeitern gegründet.
TUI (Reiseunternehmen)	Steht für **T**ouristik **U**nion **I**nternational
UFA (Kino- und Filmgesellschaft)	**U**niversum **F**ilm **AG**
VIVIL (Kaubonbons)	Der Name ist abgeleitet aus dem lateinischem Verb „**viv**ere" = leben und dem englischen Wort für Öl – „**oil**".
WMF (Töpfe, Bestecke)	Steht für **W**ürttembergische **M**etallwaren**f**abrik und war bis 1945 ein Waffenhersteller aus Friedrichshafen.
ZeWa (Papiertaschentücher)	Ist eine Abkürzung des Fabriknamens **Ze**llstoff-Fabrik **Wa**ldhof/Mannheim.

Marketing-Mix: Das Marketinginstrumentarium des Anbieters, bestehend aus product (Produkt- und Sortimentsmanagement), price (Preismanagement), place (Vertriebsmanagement) und promotion (Kommunikationsmanagement einschließlich Werbung).

Me-too-Produkt: Produkte, die bei Erfolg des Erstanbieters auf den Markt kommen und die dem Originalprodukt in fast allen Eigenschaften gleichen (z. B. die Herstellermarke Ramazzotti, ein italienischer Kräuterlikör, mit einem Durchschnittspreis von ca. 12 €, und Romanzini, das entsprechende Me-too-Produkt von ALDI Süd, zu einem Preis von 5,99 €). Damit signalisieren Me-too-Produkte dem Kunden: »Wenn du dies möchtest, dann kannst du auch mich (zu einem günstigeren Preis) nehmen.«

Mischkalkulation: Bestimmte Artikel subventionieren kritische Sortimentsteile (z. B. Sonderangebote, Dauerniedrigpreisartikel). Bei Letzteren handelt es sich im Regelfall um sogenannte Prestigeartikel, d. h. um Markenartikel, die im Zentrum der (Prospekt-)Werbung des Handels stehen. Eine solche sogenannte Mischkalkulation kann aus zwei Gründen erfolgen: Im Falle einer defensiven Strategie ist ein

Unternehmen gezwungen, auf die Preissenkungen der Wettbewerber zu reagieren. Bei der offensiven Variante hingegen will ein Unternehmen aktiv seine Preiswürdigkeit demonstrieren.

Nachkaufdissonanz: Zweifel an der Richtigkeit einer Kaufentscheidung. Tritt insbesondere dann auf, wenn eine Kaufentscheidung spontan und damit wenig überlegt getroffen wurde.

No-Name-Produkt (auch Gattungsmarke)**:** Sind markenlose Produkte und gelten als Spezialform der Handelsmarke. Sie wurden Mitte der 70er Jahre geschaffen und dienen der Abwehr der Discounter, weshalb sie fast ausschließlich im klassischen Lebensmittelhandel anzutreffen sind. Typische Vertreter sind die Sparsamen von Spar, A&P von Tengelmann, Tip von Real und Extra, Gut & Günstig von EDEKA und ja! von REWE. Kennzeichen von No-Name-Produkten, deren Marketing von Handelsunternehmen konzipiert und gesteuert wird, sind: einfache Verpackung, die nur die Produktbezeichnung trägt und Preiswürdigkeit signalisieren soll; nach der Einführung schwache Werbung, um Kosten gering zu halten; mittlere sowie gleichbleibende Qualität; günstiger Preis.

RFID: Spezialetiketten, die über einen Computerchip eine automatische Produkterkennung ermöglichen. Die Funktechnologie RFID (Radio Frequenz Identification) gilt als nächste Generation des EAN-Codes. Im Gegensatz zu solchen Strichcodes (Barcodes), die nur in direkter Sichtlinie eines Scanners gelesen werden können, genügt es bei RFID, dass ein Funkchip in die Nähe eines geeigneten Lesegerätes gelangt. Die Funkchips bzw. Transponder, auf denen Informationen über das jeweilige Produkt gespeichert sind, können ohne Sichtkontakt und automatisch aus der Distanz ausgelesen werden, was zur Verbesserung und Beschleunigung von Prozessen führt.

Robinsonliste: Der Deutsche Direktmarketing Verband e. V. führte als freiwillige Einrichtung der Werbewirtschaft die Robinsonliste ein, um Verbrauchern die Möglichkeit zu geben, sich vor Werbebriefen/Mailings zur Neukundengewinnung zu schützen. Diese umfasst derzeit rund 600.000 Einträge und gilt nur für personalisierte Werbebriefe, d. h. wenn Verbraucher persönlich angeschrieben werden.

SB (Selbstbedienungs)-Warenhäuser: verfügen über mehr als 5.000 m² Verkaufsfläche. Sie zeichnen sich durch eine dezentrale Lage und tiefe Sortimente mit bis zu 80.000 Artikeln aus. Diese werden überwiegend in Selbstbedienung angeboten werden. Zu einem Drittel bis zur Hälfte handelt es sich hierbei um Non-Food-Produkte wie z. B. Haushaltsgeräte und z. B. Bekleidung. Als starke Konkurrenten gelten Discounter im Food-Bereich und Fachmärkte im Non-Food-Bereich. Typische Vertreter sind Real, Kaufland, Toom oder Globus.

Smart Shopper: Anders als der Schnäppchenjäger, der nur nach Angeboten im untersten Preissegment, ist der »Smart Shopper« durchaus qualitätsorientiert und markenbewusst. Smart Shopping beschreibt demnach Konsumentenverhalten, das durch gleichzeitiges Streben nach Preisvorteilen sowie Qualität (beispielsweise in Gestalt hochwertiger Marken) gekennzeichnet ist.

Schnäppchenjäger: Kunde, der nur nach günstigen Angeboten im untersten Preissegment sucht.

Sortimentsbreite: Anzahl verschiedener Warengruppen, die ein Handelsunternehmen im Sortiment führt. Eine Warengruppe setzt sich aus Artikeln zusammen, die thematisch zusammengehören. Warengruppen sind in einem Handelsunternehmen z. B. Frischobst und Frischgemüse, Molkereiprodukte, Fleisch- und Wurstprodukte, Konserven, Tiefkühlprodukte, alkoholische Getränke und Spirituosen, nichtalkoholische Getränke, Süßwaren, Brot, Kosmetika und Haushaltsbedarf. Hat ein Handelsunternehmen viele verschiedene Warengruppen – also Produkte verschiedener Kategorien – spricht man von einem breiten Sortiment. Konzentriert sich das Handelsunternehmen dagegen auf wenige Produktarten, handelt es sich um ein schmales Sortiment. Warenhäuser bieten typischerweise ein breites Sortiment an, das von Lebensmitteln über Haushaltsgeräte und Bekleidung bis hin zu Möbeln reicht. Ein Spezialhandelsgeschäft, z. B. für Tierfutter oder Schrauben, hat ein schmales Sortiment.

Sortimentstiefe: Anzahl verschiedener Artikel innerhalb einer Warengruppe, die ein Handelsunternehmen im Sortiment führt. Die Sortimentstiefe hängt davon ab, wie viele Varianten an Artikeln (z. B. verschiedene Typen, Größen, Farben, Qualitätsstufen, Geschmacksrichtungen, Gewichte, Designs oder Verpackungen) bzw. Marken pro geführtem Produkt in einer Warengruppe angeboten werden. Ein Supermarkt bietet ein tiefes Sortiment, da es hier zahlreiche verschiedene Ausführungen eines Artikels gibt (z. B. Milch mit verschiedenen Fettgehalten, in verschiedenen Packungsgrößen, von verschiedenen Anbietern). Das Sortiment eines Klein- und Nahversorgers (»Tante-Emma-Laden«) hingegen ist flach. Hier gibt nur eine sehr geringe oder gar keine Auswahl des einzelnen Artikels, z. B. nur ein normales Shampoo und nicht zusätzlich noch das Angebot von Apfel-, Glanz- oder Antischuppenshampoo.

Supermarkt: Ein Selbstbedienungsgeschäft, das überwiegend Nahrungs- und Genussmittel einschließlich Frischwaren (Obst, Gemüse, Südfrüchte, Fleisch, Molkereiprodukte) sowie bestimmte Ver- und Gebrauchsgüter anbietet und heutzutage weitgehend die Funktion eines Nachbarschaftsladens übernimmt. Das Sortiment umfasst zwischen 7.000 und 12.000 Artikeln. Die Verkaufsfläche reicht von 400 m² bis 1.500 m², wobei der Anteil der Fläche für Non-Food im Regelfall unter 25 % liegt. Typische Vertreter sind EDEKA-Märkte, Kaiser's, REWE, Tengelmann.

Unverbindliche Preisempfehlung: Der Hersteller empfiehlt dem Händler einen Preis, zu dem er das Produkt an den Kunden verkaufen sollte. Da die Empfehlung nicht verbindlich sein darf, muss sich das Handelsunternehmen nicht an diesen Preis halten. Durch Unterschreiten der UVP wollen Handelsunternehmen ihre Preisgünstigkeit demonstrieren.

Verbrauchermarkt: Großflächiger Einzelhandelsbetrieb (1.500 – 4.999 m² Verkaufsfläche), der vor allem Nahrungs- und Genussmittel in Selbstbedienung anbietet. Mit zunehmender Größe verlagert sich der Schwerpunkt zu den Sortimenten des unregelmäßigen Bedarfs (z. B. Haushaltsgeräte, Unterhaltungselektronik), sofern sie für die Selbstbedienung geeignet sind. Das Sortiment umfasst zwischen 20.000 und 40.000 Artikeln und damit deutlich mehr als Supermärkte und Discounter. Verbrauchermärkte liegen häufig an verkehrsgünstigen Randlagen mit großzügigem Parkplatzangebot. Typische Vertreter sind E-Center und andere große EDEKA-Märkte.

Verbundkauf: Gesamtheit der Güter, die ein Kunde zu einem bestimmten Zeitpunkt bei einem Unternehmen zusammen kauft.

Warenhaus: Überwiegend mehrgeschossiger Einzelhandelsgroßbetrieb in zentraler Lage, der Waren aus zahlreichen Branchen – Hauptrichtung Bekleidung, Textilien, Hausrat, Wohnbedarf –, teilweise auch Nahrungs- und Genussmittel anbietet. Die Verkaufsmethode kombiniert das Bedienungs- mit dem Selbstbedienungsprinzip, wobei das Bedienungsprinzip bei beratungsintensiven Warengruppen die Regel ist. Häufig ist ein eigenes Parkhaus angegliedert. Typische Vertreter sind Kaufhof und Karstadt.

Zweitplatzierung/Mehrfachplatzierung: Ein Produkt wird im Geschäft an zwei oder mehr Stellen platziert. Dies hat zur Folge, dass die Kunden ein solches Produkt als besonders preisgünstig einschätzen. Für die Zweitplatzierung bieten sich exponierte Stellen wie der Eingang, Wartezonen oder der Kassenbereich an. Außerdem lassen sich durch Platzierung einer Ware in unmittelbarer Umgebung zu einem Produkt, das mit diesem in einer Verbundbeziehung steht, Verbundkäufe auslösen. So wird sich beispielsweise Sauce hollandaise in der Nähe des Spargels vergleichsweise gut (und zu höheren Preisen) verkaufen lassen.

Literaturhinweise

1 Vgl. im Folgenden insbesondere Schneider, Preiskampf in der Bückzone, in: NZZ Folio, Ausgabe 11/2006, Thema: Shopping; Scheier, Das Unbewusste messbar machen, in: Absatzwirtschaft, Zeitschrift für Marketing, 10/2006, S. 42–45; Levine, Die große Verführung – Psychologie der Manipulation, 2005; Underhill, Warum kaufen wir? Die Psychologie des Konsums, 2000; Scheier/ Held, Was Marken erfolgreich macht – Neuropsychologie in der Markenführung, 2007; Scheier/Held, Wie Werbung wirkt – Erkenntnisse des Neuromarketing, 2006; Häusel, Neuromarketing, 2007; Sorensen, Science of Shopping, www.sorensen-associates.com/documents/6.1PUB_ScienceOfShopping.pdf; Hurth, Angewandte Handelspsychologie, 2006; Cialdini, Die Psychologie des Überzeugens, 3. Aufl., 2004

2 Vgl. Häusel, Limbic Success: So beherrschen Sie die unbewussten Spielregeln des Erfolgs; die besten Strategien für Sieger, 2002; Häusel, Think Limbic: Die Macht des Unterbewussten verstehen und nutzen für Motivation, Marketing, Management, 2. Aufl., 2002

3 Vgl. Siefer /Miltner: Mal Intuition, mal Strategie, in: Focus, Nr. 30/2007, S. 64–74

4 Vgl. Häusel, Was Kunden wirklich wollen, in: Wanzl Worldwide, Herbst 2007, S. 8f.; Häusel, Limbic Success: So beherrschen Sie die unbewussten Spielregeln des Erfolgs; die besten Strategien für Sieger, 2002; Häusel, Think Limbic: Die Macht des Unterbewussten verstehen und nutzen für Motivation, Marketing, Management, 2. Aufl., 2002

5 Vgl. Häusel, Limbic Success: So beherrschen Sie die unbewussten Spielregeln des Erfolgs; die besten Strategien für Sieger, 2002; Häusel, Think Limbic: Die Macht des Unterbewussten verstehen und nutzen für Motivation, Marketing, Management, 2. Aufl., 2002

6 Vgl. Sendung der Serie »Wissenshunger« auf VOX am 27.11.2008: Kaufverhalten: Unterschiede bei Männern und Frauen?, auf: http://www.dr-holme.de/Kaufverhalten_-_VOX-TV-Sendung_2008.pdf

7 Vgl. Underhill, Warum kaufen wir? Die Psychologie des Konsum, 2000

8 Vgl. Landesbeauftragte für Datenschutz und Informationsfreiheit Nordrhein-Westfalen, Bitte keine Werbung – Adresshandel und unerwünschte Werbung, 2007

9 Vgl. Online-Werbung – Weniger Spuren beim Surfen hinterlassen, auf: http://www.rp-online.de/digitale/internet/Weniger-Spuren-beim-Surfen-hinterlassen_aid_112903.html

10 Vgl. Unerwünschte Werbung, www.swr.de (SWR 1, 11.03.2008); www.robinsonliste.de; www.datenschutzverein.de (Informationen der

Deutschen Vereinigung für Datenschutz); www.bdfi.bund.de (Informationsseite des Bundesbeauftragten für den Datenschutz und die Informationsfreiheit)

11 Vgl. Fürst/Heil/Daniel: Die Preis-Qualitäts-Relation von deutschen Konsumgütern im Vergleich eines Vierteljahrhunderts, in: Die Betriebswirtschaft, 64. Jg. (2004), Heft 5, S. 219–234

12 Vgl. Erfolgsjahre, Von Waagen zu Wagen, in: Wanzl Worldwide, Herbst 2007, S. 3

13 Vgl. Softsteer – die intelligente Technologie, in: Wanzl Worldwide, Herbst/Winter 2005/2006, S. 4f.

14 Vgl. Lebensmittelzeitung vom 12. Februar 2010, S. 36

15 Vgl. Underhill, Warum kaufen wir? Die Psychologie des Konsum, 2000

16 Vgl. Warum geht es im Supermarkt immer linksrum?, in: Süddeutsche Zeitung vom 16. Juli 2009

17 Vgl. Westdeutscher Rundfunk, www.wdr.de/vt/quarks/sendungsbeitraege/2009/0324

18 Vgl. im folgenden Pesold, Ladengestaltung und Warenpräsentation im Lebensmitteleinzelhandel: Psychologische Beeinflussung am Point of Sale (POS), Diplomarbeit, 2007

19 Vgl. Berekoven, Erfolgreiches Einzelhandelsmarketing, 2000

20 Vgl. Granitza, Verführung zum Konsum, in: DIE WELT vom 12. April 2008

21 Vgl. Akustische Markenführung, in: Wanzl Worldwide, Herbst 2007, S. 8f.

22 Vgl. Ematrix, Kassenbarometer 2009 – Brennpunkt Qualität, Vollsortimenter und Discounter im Vergleich

23 Vgl. Kids-Verbraucher-Analyse 2007, www.ehapamedia.de/pdf_download/Pressemitteilung_KVA07.pdf, Stand: 10. Januar 2009

24 Vgl. Dammler, Kinder können kaufen lernen, 2002

25 Vgl. o. V.: »Zu Ihrem Käse fehlt der Rotwein«, in: Frankfurter Allgemeine Zeitung, Nr. 3 vom 04. Januar 2007, S. 14

26 Vgl. im folgenden Sebastian/Maessen, Pricing-Strategie – Wege zur nachhaltigen Gewinnmaximierung, 2003; Preispsychologie, in: Diller, Vahlens Großes Marketing Lexikon, 2. Aufl., 2001, S. 1347f.; Müller-Hagedorn, Der Handel, 1998; http://www.handelswissen.de/data/themen/Marktpositionierung/Preis/Preispsychologie/index.php; http://www.handelswissen.de/data/themen/Marktpositionierung/Preis/Peisstruktur/Preisoptik.php; Müller-Hagedorn/Zielke, Die Preisoptik im Einzelhandel nach der Währungsumstellung auf den Euro, in: Mitteilungen des Instituts für Handelsforschung an der Universität zu Köln, 10/1997, S. 189–196; Scheuch, Preise: Auf die Optik kommt es an, in: Textil Zeitung, 2002

27 Vgl. Gelbrich/Wünschmann/Müller, Erfolgsfaktoren des Marketing, 2008, S. 114ff.

28 Vgl. Lebensmittelzeitung, 25. April 2008, S. 56

29 Vgl. Westdeutscher Rundfunk, www.wdr.de/vt/quarks/sendungsbeitraege/2009/0324

30 Vgl. Kusitzky, 100 Euro für nichts, in: Focus, Nr. 8/2009, S. 116

31 Vgl. Schwartau/Valet, Vorsicht Supermarkt – Wie wir verführt und betrogen werden, 2007

32 Vgl. o.V., Neue Packungsgrößen – Verbraucherschützer prangern versteckte Preiserhöhungen an, auf: http://www.spiegel.de/wirtschaft/service/0,1518,647924,00.html

33 Vgl. Biester, Coole Ideen serviert, in: Lebensmittelzeitung, Nr. 19 vom 07. Mai 2004, S. 35; Anzeigenbeispiel funny-frisch, in: Lebensmittelzeitung, Nr. 13 vom 30. März 2007, S. 36; Anzeigenbeispiel FruchtZwerge, in: Lebensmittelzeitung, Nr. 20 vom 18. Mai 2007, S. 14; Chwallek, Wrigley löst Problem durch große Vorratsdosen, in: Lebensmittelzeitung, Nr. 20 vom 18. Mai 2007, S. 15

34 Vgl. Die Marke macht's, in: Focus, Nr. 32/2007, S. 16

35 Vgl. BILD-Zeitung, www.bild.t-online.de/BTO/index.html; Stand: 17. März 2008

36 Vgl. Lebensmittelzeitung, 25. April 2008, S. 55

37 Vgl. Verbraucherzentrale Hamburg 2008

38 Vgl. Böhm/de Witte/Schulze/Spiller, Preis-Qualitäts-Relation im Lebensmittelmarkt: Eine Analyse auf Basis der Testergebnisse der Stiftung Warentest, 2007

39 Vgl. Schneider: Wo »billig« draufsteht, ist oft Marke drin, in: Mannheimer Morgen vom 19. September 2008, S. 7

40 Vgl. Hurth, Angewandte Handelspsychologie, 2006

41 Vgl. von Rosenstiel/Kirsch, Werbepsychologie, 1996, S.83

42 Vgl. o. V.: Sinnesphysiologie – Augen entwickeln beim Trinken Geschmack, in: Welt am Sonntag vom 18. Februar 2007, S. 76

43 Vgl. als Quelle der Tabelle: Frieling, Farbe hilft verkaufen: Farbenlehre und Farbenpsychologie für Handel und Werbung, 2005

44 Vgl. einführende Informationen unter http://de.wikipedia.org/wiki/ Lebensmittelfarbstoff sowie die dort angegeben Quellen

45 Vgl. im folgenden Farben und Werbung: Assoziationen zu Einzelfarben mit Beispielen, auf: http://www.farbenundleben.de/werbung/ werbung_einzelfarben.htm